Schriften
des
Vereins für Sozialpolitik.

---

176. Band.

Moderne Organisationsformen der öffentlichen Unternehmung.

Herausgegeben von

Julius Landmann.

Vierter Teil:

Reinerträge und Zuschußbedarf der öffentlichen Unternehmungstätigkeit.

Von

Prof. Dr. Bruno Moll.

Verlag von Duncker & Humblot.
München und Leipzig 1931.

Moderne Organisationsformen der öffentlichen Unternehmung.

Herausgegeben von

Julius Landmann.

Vierter Teil:

Reinerträge und Zuschußbedarf der öffentlichen Unternehmungstätigkeit.

Von

Prof. Dr. Bruno Moll.

Verlag von Duncker & Humblot.
München und Leipzig 1931.

Alle Rechte vorbehalten.

Altenburg, Thür.
Pierersche Hofbuchdruckerei
Stephan Geibel & Co.

Inhaltsverzeichnis.

	Seite
Vorwort	VII
I. Einleitung	3
II. Finanzwirtschaftliche und privatwirtschaftliche Rentabilität	8
III. Hauptteil	14
1. Deutsche Eisenbahnen in der Vorkriegszeit	14
2. Die Deutsche Reichsbahn	22
a) Dawesgutachten und Eisenbahnüberschüsse	22
b) Die Berechnung der Überschüsse der Reichsbahn	26
c) Zur Kritik der Reichsbahnüberschüsse	31
3. Die Deutsche Reichspost	34
4. Die Deutsche Reichsbank	45
5. Forsten	52
6. Bergwerke	57

Vorwort.

Über die Art dieser Arbeit ist das Wesentlichste in größerem Zusammenhange in der folgenden "Einleitung" gesagt. Hier sei über die Entstehung der Arbeit noch Folgendes hervorgehoben. Eine von mir vor einigen Jahren in der Festgabe für Georg von Schanz (1928) veröffentlichte Studie über die finanzielle Bedeutung der öffentlichen Unternehmungen hatte in der Literatur einige Beachtung gefunden. Einige Zeit später wurde ich von Herrn Kollegen Landmann[1] aufgefordert, im Rahmen einer großangelegten Untersuchung, die der Verein für Sozialpolitik über die Organisationsformen der öffentlichen Unternehmungen plante, einen Beitrag über "Reinerträge und Zuschußbedarf der öffentlichen Unternehmungstätigkeit im In- und Auslande" zu verfassen. Ich übernahm diese mir freilich etwas schwierig und allzu umfassend erscheinende Aufgabe. Nach einiger Zeit stellte sich heraus, daß schon die Schaffung eines Überblicks über Reinerträge und Zuschußbedarf wichtiger deutscher staatlicher Unternehmungen noch manche schwierige Vorarbeit erfordern würde, und daß an eine Bewältigung der ganzen Aufgabe, insbesondere auch an eine Bearbeitung des ausländischen Materials, um so weniger zu denken war, als einmal der Verein mir für

---

[1] In meiner kürzlich veröffentlichten Schrift "Die Finanzpolitik der Reichsbahn" (Probleme des Geld- und Finanzwesens Bd. XI, Leipzig 1931, Akademische Verlagsgesellschaft m. b. H.), die ebenfalls aus meinen diesbezüglichen Studien hervorgegangen ist, habe ich die Vorgänge der Entstehung der beiden Schriften irrtümlicherweise nicht ganz richtig dargestellt. Ich hatte diese Vorgänge nach drei Jahren aus dem Gedächtnis niedergeschrieben. Erst nach Erscheinen jener Schrift wurde ich darauf aufmerksam gemacht, daß der Verlauf der Dinge ein etwas anderer gewesen sei. Die ersten Anregungen zu der großen Untersuchung des Vereins für Sozialpolitik sind von den Herren Kollegen Lotz und Landmann und nicht, wie ich mich zu erinnern glaubte, von Professor F. K. Mann in Köln ausgegangen. Eine Beziehung zwischen meinen früheren Arbeiten und den Untersuchungen des Vereins für Sozialpolitik dürfte daher auch nur hinsichtlich des letzten, mir übertragenen Kapitels der Reinertrags- und Rentabilitätsfragen deutlich sein.

die endgültige Veröffentlichung nicht mehr als fünf Bogen zur Verfügung stellen konnte, und andererseits in einem Zeitraume von ein bis zwei Jahren die Vorarbeiten, zu denen übrigens keinerlei besondere Mittel zur Verfügung standen, nicht zu bewältigen waren. Daher beschränkt sich auch dieser Versuch auf eine Darstellung der Reinertragsberechnungen wichtiger staatlicher Unternehmungen Deutschlands.

Ursprünglich hatte ich der Abhandlung einen Anhang beigegeben, in dem wenigstens die offiziellen Zahlen der Reichsfinanzstatistik, betreffend die Erwerbseinkünfte, wiedergegeben und erläutert waren. Durch die inzwischen erschienene dankenswerte Publikation des Statistischen Reichsamts „Finanzen und Steuern" war jedoch der Inhalt dieses Anhangs im wesentlichen als überholt anzusehen. Der Anhang ist deshalb weggelassen worden. Die genannte, soeben erschienene Publikation bietet weitgehenden Aufschluß über alles, was man aus den offiziellen Zahlen heraus erfahren möchte. Daß die Wiedergabe und Illustration derartiger offizieller Zahlen freilich noch nicht die letzte Aufgabe ist, die uns Finanzwissenschaftlern gestellt bleibt, und daß also auch mit dieser Publikation des Reichsamts nicht die gesamte Aufgabe auch nur für Deutschland als gelöst gelten kann, bedarf keiner weiteren Ausführungen.

Leipzig im Januar 1931.

Bruno Moll.

Reinerträge und Zuschußbedarf der öffentlichen Unternehmungstätigkeit.

Von

Bruno Moll.

―――――――

I. Einleitung.

„Exakte" Untersuchungen zu dem Thema „Reinerträge und Zuschußbedarf der öffentlichen Unternehmungstätigkeit" waren bei Inangriffnahme dieser Arbeit in größerem Stile von anderer Seite noch nicht gemacht worden, während aus meiner Feder eine Untersuchung über die Eisenbahnüberschüsse[1] sowie eine auf obiges Gesamtthema bezügliche Studie in der Festgabe für Georg von Schanz[2], ferner eine Reihe von Einzeluntersuchungen meiner Schüler vorlagen. Ich war mir darüber klar, daß trotz dieser Vorarbeiten die Lösung der mir gestellten Aufgabe nur in einem so unvollständigen Umfange möglich sein würde, daß es fraglich scheinen konnte, ob ich berechtigt gewesen war, jenen Auftrag überhaupt zu übernehmen.

Die in Frage stehenden Arbeiten gehören zu denjenigen, die nur ganz außerordentlich langsam fortschreiten und denen gegenüber es selbst wenig vermag, wenn die besten der in einem größeren staatswissenschaftlichen Seminar vereinigten Kräfte sich ihnen Jahre hindurch fast ausschließlich widmen. Die Berechnung über die wirklichen Reinerträge der öffentlichen Unternehmungen — im Gegensatz zu den von den zuständigen Verwaltungen offiziell ausgewiesenen — diese Berechnungen sind schwieriger und zeitraubender, als man gewöhnlich annimmt. Sie setzen in jedem einzelnen Falle voraus: eine eingehende Kenntnis der Technik des in Frage stehenden Betriebszweiges sowie auch vor allem der auf die Buchhaltung bezüglichen Probleme, und sie setzen weiter eine gewisse Entsagung voraus; denn derjenige, der sich solchen Arbeiten unterzieht, weiß, daß die wesentlichsten Ergebnisse monate- und selbst jahrelanger Forschungstätigkeit außerordentlich trivial aussehen und oft auf dem engen Raume weniger

---

[1] Zeitschrift für Sozialwissenschaft. 1921. S. 551 ff. — Probleme der Finanzwissenschaft. 1924. S. 81 ff.

[2] Beiträge zur Finanzwissenschaft Bd. 1. J. C. B. Mohr, Tübingen 1928. S. 232 ff.

Seiten, ja unter Umständen in einigen wenigen Ziffern oder Tabellen ausgedrückt werden können. Daß diese letztere Tatsache manchmal dann noch geradezu als ein Mangel empfunden wird, ist bezeichnend für den Stand unserer Wissenschaft: In der Mathematik oder in der Chemie wird ein solcher Tatbestand als normal angesehen. Bei uns liegt es dagegen so, daß erst im Laufe der letzten Jahre das Interesse für derartige Untersuchungen stärker geworden ist, während bis dahin selbst hervorragende Vertreter des Faches nichts anderes als breite, historisch-deskriptive Darstellungen irgendwelcher Tatsachenkomplexe als normale und einzige Form der Darstellung wissenschaftlicher Ergebnisse ansahen.

Die Arbeiten auf diesem Gebiete schreiten also nur langsam vorwärts.

Ich bin heute immerhin in der Lage, kritische Untersuchungen der Reinerträge folgender Unternehmungen[3] vorzulegen:

1. Deutsche Eisenbahnen der Vorkriegszeit, insbesondere preußisch-hessische Staatseisenbahnverwaltung.
2. Deutsche Reichsbahn 1924 bis 1929.
3. Deutsche Reichspost 1900 bis 1913, 1918 bis 1921, 1924 und 1925.
4. Deutsche Reichsbank 1876 bis 1919.

Weiter folgen Ausführungen hauptsächlich methodologischer Art, die sich auf die Untersuchungen der Reinerträge von Forsten und Bergwerken beziehen und mehreren Spezialuntersuchungen meiner Schüler entnommen sind[4].

Dagegen enthält diese Abhandlung nichts über die Reinerträge anderer Verkehrsunternehmungen, wasserwirtschaftlicher Unterneh-

---

[3] Ob es berechtigt ist, alle diese Unternehmungen als „öffentliche" zu bezeichnen, z. B. auch die heutige Deutsche Reichsbahn und die Reichsbank, könnte angesichts ihrer komplizierten Organisation zweifelhaft sein, doch dürfte die Bezeichnung als „öffentliche" Unternehmungen wohl der herrschenden Meinung entsprechen.

[4] Gegenüber dem in meiner diesbezüglichen Abhandlung in der Schanz-Festschrift (1928) Gebotenen sind neu: die unter 2. genannte, von mir selbst angestellte Untersuchung über die Überschüsse der Deutschen Reichsbahn in der Periode 1924—1929, das unter 4. genannte Resümee über die Überschüsse der Reichsbank sowie Ergänzungen zu 1. und 3. (Eisenbahnen der Vorkriegszeit und Post), von denen die ersteren auf von mir, die letzteren auf von meinem Schüler, Dr. Reinhard Oehler, gemachte Untersuchungen zurückgehen.

mungen, Domänen, anderer Banken, der öffentlichen Gewerbebetriebe, Lotterien und sogenannter Versorgungsbetriebe, insbesondere der Elektrizitäts-, Gas- und Wasserwerke und Straßenbahnen[5].

Die nachstehende Arbeit stellt insofern nur einen Ausgangspunkt für die Untersuchung der Reinerträge und des Zuschußbedarfs öffentlicher Unternehmungen dar, nicht aber liefert sie bereits einen Überblick darüber. Sie behandelt die wichtigsten methodischen Probleme, aber sie bewältigt nur einen Teil des Stoffes. So sehr ich mir dieser ihrer Unvollständigkeit und der Begrenztheit ihres Wertes bewußt bin, so darf doch anderseits daraufhingewiesen werden, daß gerade die hier untersuchten Unternehmungen hinsichtlich ihrer finanziellen Bedeutung nicht nur für das Deutsche Reich die wichtigsten sind, sondern daß sie auch vom Standpunkte der Welt aus gesehen nicht als geringfügig erscheinen können; dies gilt wenigstens für die frühere preußisch-hessische Staatseisenbahnverwaltung wie für die jetzige Reichsbahn, die bekanntlich das größte in sich geschlossene Unternehmen der Welt darstellt.

Wenn also die Finanzwirtschaft und speziell die Überschußwirtschaft allein der deutschen Eisenbahnen der Vorkriegszeit wie der jetzigen Reichsbahn einer gründlichen Untersuchung unterzogen wird, so ist damit für die Erkenntnis der Bedeutung der Finanzwirtschaft und der Überschußprobleme der öffentlichen Unternehmung überhaupt, mindestens für Deutschland, und für die allgemeine Methodenfrage schon sehr viel gewonnen. Nur die Eisenbahnunternehmungen, nicht aber auch etwa Forsten, Domänen, Bergwerke und Fabriken werfen Betriebsüberschüsse ab, die zur Zeit einige Hunderte von Millionen im Jahre betragen, während die Reinüberschüsse (Ablieferungen an die Staatskasse für eisenbahnfremde Zwecke) bei der preußisch-hessischen Eisenbahnverwaltung der Vorkriegszeit noch immer in jedem Jahre ein- bis zweihundert Millionen betrugen. Bei der Post pflegte in den letzten Jahren der Vorkriegszeit einer Roheinnahme von noch nicht einer Milliarde eine Ausgabe in fast gleicher Höhe gegenüberzustehen, während der offizielle Reinertrag (nach Abzug aller einmaligen Ausgaben) im höchsten Falle nicht einmal die Summe von hundert Millionen Mark im

---

[5] Über die Versorgungsbetriebe sind einige ebenfalls im Institut für Wirtschaftswissenschaften und Statistik und dem damit verbundenen Budgetarchiv der Universität Leipzig entstandene Arbeiten abgeschlossen, deren Ergebnisse jedoch hier nicht vorgelegt werden können, da der mir zugewiesene Raum dafür nicht ausreicht.

Jahre zu erreichen pflegte. Bei der Münze kommen zwar in einzelnen Jahren der Vergangenheit sehr hohe für allgemeine Staatszwecke verwandte Reinüberschüsse vor, jedoch nicht als nahezu reguläre, dauernde Erscheinung, bei der Reichsbank nur im Kriege und z. T. nur nominell.

Zieht man diese Situation in Betracht, so wird man zu dem Urteil kommen, daß die hier vorgelegte Arbeit im Verhältnis zu der überhaupt zu leistenden doch vielleicht etwas mehr bedeutet, als nach der obigen Aufzählung auf den ersten Blick anzunehmen wäre. —

Ich habe nun in mehreren früheren Veröffentlichungen ausführlich auseinandergesetzt, wodurch sich die für die Untersuchung der Überschüsse öffentlicher Unternehmungen von mir und meinen Schülern angewendete Methode von anderen Behandlungsweisen des Stoffes unterscheidet. Ich habe auseinandergesetzt, welche Folgen und Wirkungen die frühere Behandlungsweise der „Erwerbseinkünfte" und die neuere für die Entwicklung der Finanzwissenschaft sowie ihres Lehrbetriebes haben muß: es erübrigt, diese Ausführungen — denen übrigens meines Wissens niemals irgendwie ernstlich widersprochen, deren Berechtigung vielmehr von Autoritäten unseres Spezialfaches anerkannt worden ist — immer aufs neue zu wiederholen. Ich begnüge mich, auf meine früheren Ausführungen hinzuweisen[6].

Ich will hier nur das wesentlichste herausgreifen: Bei dem Kapitel „Privaterwerb des Staates, Bergwerke" war es bisher üblich, daß

---

[6] Die Bedeutung der Zahlen für die Finanzwissenschaft. Zeitschrift für Sozialwissenschaft. 1921. S. 556 ff. — Probleme der Finanzwissenschaft. Akademische Verlagsgesellschaft. 1924. S. 75 ff. — Die finanzielle Bedeutung der öffentlichen Unternehmungen in „Festgabe für Georg von Schanz". 1928. Bd. 1. S. 231 ff. — Lehrbuch der Finanzwissenschaft. 1930. S. 187 ff. (hier jedoch nur ganz kurz). — Zustimmend und teils auch die Fruchtbarkeit der von mir angewendeten Methode, teils das Vorhandensein eines dringenden Bedürfnisses nach derartigen Untersuchungen überhaupt anerkennend, haben sich geäußert: F. K. Mann in „Deutsche Finanzwirtschaft", 1929, S. 10, Anmerkung 2; Napp-Zinn in der „Zeitschrift für Verkehrswissenschaft", 1930, Heft 3; mit ganz besonderer Betonung von Pistorius im „Allgemeinen Statistischen Archiv", 1930, S. 139 ff.; ähnlich E. H. Vogel in „Gegenwartsprobleme der Finanzwissenschaft" in „Zeitschrift für die gesamte Staatswissenschaft", 1929, S. 131; v. Mering in der „Zeitschrift für die gesamte Staatswissenschaft", 1930, S. 333; weiter von statistischer Seite Josef Griesmeier im „Allgemeinen Statistischen Archiv", Bd. 18, 1929, S. 330; endlich die Kritiker im „Wirtschaftsdienst", Jahrg. 1930, S. 661, sowie im „Deutschen Ökonomist", 1930, Nr. 36.

Lehrbücher und Systeme zunächst etwa über das Bergrecht und seine Geschichte unterrichteten, dann aber über die Frage der Zweckmäßigkeit von Staats- und Privatbesitz und -betrieb Betrachtungen anstellten, die in der Regel außerordentlich apodiktisch und allgemein gehalten waren. Während in dem einen Lehrbuche für die Gegenwart der Privatbetrieb als die geeignetere Form der Bewirtschaftung hingestellt wird, oft nur mit einigen allgemein gehaltenen Ausfällen gegen die Staats- und Beamtenwirtschaft motiviert, wird anderswo ebenso kurz und mit ebenso dürftiger Motivierung im Gegenteil der Staatsbesitz und -betrieb als das Bessere hingestellt. Jeder, der die Anfangsgründe des sogenannten jüngeren Methodenstreites in der Volkswirtschaftslehre kennt, weiß, daß auf derartige Fragen niemals eine Antwort gegeben werden kann, die auf wissenschaftliche Objektivität und Allgemeingültigkeit Anspruch hat. Selbst wenn wir alles wüßten, was zur Beantwortung dieser Frage nötig wäre, so würden immer noch verschiedene Bewertungen dieser Tatsachen möglich sein, verschiedene Ansichten über das, was wesentlich und was unwesentlich ist, verschiedene Zielsetzungen. Über die Reinerträge resp. den Zuschußbedarf der Bergwerke aber erfahren wir aus unseren Lehrbüchern und Systemen in der Regel so gut wie nichts. Im günstigsten Falle sind es einige wenige Ziffern über die Brutto- und Nettoerträge aus wenigen Jahresetats einiger deutscher Staaten, die als Beispiele angeführt werden[7].

Ich habe demgegenüber die Forderung aufgestellt, daß, ehe man über die Frage der Zweckmäßigkeit von Staats- oder Privatbesitz- und -betrieb ein Urteil fällt, man unbedingt Klarheit gewinnen müsse über die wirklichen Reinerträge der Staatsbergwerke, über ihre finanzielle Bedeutung für den Staatshaushalt: wenn es auch ausgemacht ist, daß diese finanzielle Bedeutung der öffentlichen Betriebe nicht allein entscheiden darf über die Frage, ob ihre Beibehaltung wünschenswert ist oder nicht, wenn es auch selbstverständlich ist, daß außer der finanziellen Seite auch die politische, wirtschaftspolitische, daß unter Um-

---

[7] Bezeichnend ist insbesondere, daß bei dem wichtigen Kapitel des Eisenbahnwesens das Gros der Lehrbücher, selbst der statistischen Publikationen und der Monographien, mögen sie von der finanz- oder von der verkehrswissenschaftlichen Seite ausgehen, ausschließlich oder vorwiegend mit den Betriebsüberschüssen operiert, die uns hinsichtlich der Frage der Reinüberschüsse noch gar nichts sagen.

ständen hygienische, polizeiliche, strategische und andere Gesichtspunkte in solchen Fragen mit entscheiden müssen, so ist doch soviel klar, daß die Lösung der finanziellen Frage nicht entbehrlich ist, und daß sie für den Finanzwissenschaftler sogar die unerläßliche Vorfrage bildet. Mindestens kann man nicht beurteilen, ob die Beibehaltung, Abschaffung oder Ausdehnung des staatlichen Bergbaues aus dem finanziellen Gesichtspunkte zweckmäßig ist, bevor man die Größe der Reinüberschüsse usw. kennt.

II. Finanzwirtschaftliche und privatwirtschaftliche Rentabilität.

Die beiden entscheidenden Fragen für Untersuchungen, die in der erwähnten Richtung gehen, lauten nun folgendermaßen:

1. Einmal: welche Rohüberschüsse und zweitens welche Reinüberschüsse hat die betreffende Erwerbsunternehmung in den in Frage stehenden Jahren abgeworfen?

2. Wie verhalten sich die — für diesen Zweck richtig berechneten — Betriebsüberschüsse der in Frage stehenden Unternehmung zu ihrem Anlagekapital?

Man hat die zuerst genannte Frage auch als die der finanzwirtschaftlichen, die zweite als die der privatwirtschaftlichen Rentabilität bezeichnet[8]. Nach dem allgemein üblichen Sprachgebrauch pflegt man jedoch strenggenommen im ersten Falle überhaupt nicht, sondern nur im zweiten von einer Rentabilitätsfrage zu sprechen.

An und für sich, rein theoretisch, kann jede der beiden Fragen sowohl für jede private wie für jede öffentliche Unternehmung gestellt werden.

Ein Kaufmann, Repräsentant einer Privatwirtschaft, pflegt sich in der Regel mit der Feststellung zu begnügen: „Ich habe in diesem Jahre soundso viel verdient." Dies entspricht der zweiten Form der ersten Fragestellung. Will er sich aber kritisch darüber klar werden, ob unter Beachtung der wirtschaftlichen Grundgesetze sein Geschäft als lohnend anzusehen ist, so wird er sich die Frage vorlegen: „Welche Verzinsung des in meinem Geschäft angelegten Kapitals habe ich in diesem Jahr

---

[8] So wohl zuerst Oehler, Finanzen und Rentabilität der Deutschen Reichspost (1900—1927). Akadem. Verlagsges., Beiträge zur Finanzkunde, hrsgeg. von Moll und Boesler. Bd. 3. S. 93ff.

zu verzeichnen?" Mit anderen Worten, er wird die Rentabilitätsfrage stellen, insbesondere etwa, wenn er Überlegungen darüber anstellt, ob es nicht — entsprechend dem Ricardoschen Produktionskostengesetz — rentabler sein würde, wenn er sein Geld in einer anderen Produktions- oder Erwerbsweise anlegte.

Bei der öffentlichen Unternehmung wird man ebenfalls beide Fragen stellen können. Die Situation ist aber die, daß auch hier, ja gerade hier in vielen Fällen man sich mit der Stellung und Lösung der ersten Frage begnügen wird. In sehr vielen Fällen nämlich wird zwar die erste, nicht aber die zweite Frage als lösbar erscheinen. Es verlohnt sich, hier einmal darüber klar zu werden, aus welchen Gründen die Berechnung der Rentabität (im privatwirtschaftlichen Sinne) bei den öffentlichen Unternehmungen vielfach nicht nur nicht verlangt wird, sondern sogar nicht einmal als möglich erscheint.

1. Wer die Rentabilitätsfrage stellt, denkt streng privatwirtschaftlich. Er geht aus von der privaten Einzel- oder Gesellschaftsunternehmung und will feststellen, wie die Ergebnisse der Wirtschaft aussehen, wenn ihre Führung streng nach dem ökonomischen Prinzip und nach den besten kaufmännischen Grundsätzen erfolgt. Nun ist aber eben diese Voraussetzung einer solchen Wirtschaftsführung gerade bei den öffentlichen Unternehmungen deshalb oft nicht gegeben, weil ihre Übernahme in die öffentliche Hand ursprünglich oft, ja fast in der Regel gar nicht aus ökonomischen resp. finanziellen, sondern gerade aus außerökonomischen oder außerfinanziellen Motiven erfolgt ist. Wir wissen, daß es bei der Verstaatlichung der Eisenbahnen strategische, verkehrspolitische, handelspolitische, sozialpolitische, hygienische und noch andere Rücksichten waren, die neben und vor dem fiskalischen Motiv maßgebend waren. Wir wissen, daß bei der Post es der Wunsch nach Wahrung des Briefgeheimnisses, das Bedürfnis nach einem möglichst großen und einheitlichen, das ganze Staatsgebiet umfassenden Netz und andere Motive waren, die für die Übernahme dieser Unternehmung in die öffentliche Hand maßgebend erschienen. Wenn aber Eisenbahn und Post bewußt darauf verzichteten, die größtmöglichen Erträge zu erzielen, wenn sie in ihrer Geschäftsgebarung durch Rücksichten mit geleitet wurden, die dem privatwirtschaftlichen Erwerbsstreben zum Teil sogar entgegenstanden, so erscheint es unangebracht, nunmehr die wirklichen Ergebnisse dieser Unternehmungen nach dem streng privatwirtschaftlichen Prinzip der Rentabilität zu messen: Es

bedeutete dies die Herübernahme rein privatwirtschaftlicher Maßstäbe in eine Sphäre, für die sie nicht geschaffen sind. Insbesondere ist es z. B. irreführend, wenn man die Rentabilitätsziffer einer nach den besprochenen Prinzipien verwalteten Eisenbahn in Vergleich setzt mit der Rentabilitätsziffer ausländischer Privateisenbahnen, bei deren Geschäftsgebarung zwar auch die Gesetzgebung mehr und mehr eine Rücksichtnahme auf gewisse allgemeine Interessen verlangt, deren Voraussetzungen aber doch wegen ihrer Verschiedenartigkeit denen jener anderen Bahnen nicht gleichgesetzt werden dürfen[9].

Freilich darf man die Konsequenzen derartiger Überlegungen nicht zu weit treiben. Es ist gar nicht zu leugnen, daß die nach der Analogie privatwirtschaftlicher Unternehmungen berechneten Rentabilitätsziffern von öffentlichen Unternehmungen gleicher oder ähnlicher Art immerhin einen begrenzten Erkenntniswert besitzen: Es ist nicht ganz wertlos, aus den unten angeführten Ziffern zu ersehen, daß z. B. die preußisch-hessische Staatseisenbahnverwaltung der Vorkriegszeit, wenn man die Betriebsüberschüsse zu dem sogenannten statistischen Anlagekapital in Vergleich setzt, in den Jahren 1900 bis 1913 eine Verzinsung des Anlagekapitals von durchschnittlich annähernd $5^2/_3\%$ gezeigt hat.

Nur müssen wir uns darüber klar sein, daß die Grundlagen dieser Berechnung außerordentlich fragwürdig sind — und damit natürlich auch der Wert der Berechnungen — wie im folgenden gezeigt werden wird. — —

2. Eine Rentabilitätsberechnung besteht bekanntlich in dem Vergleich zweier Größen: des Überschusses der laufenden Einnahmen über die laufenden Ausgaben einerseits und des Anlagekapitals anderseits.

Die zuerst genannte Größe läßt sich für den einzelnen Fall einigermaßen genau berechnen, obwohl gerade bei den öffentlichen Unternehmungen sich besondere Schwierigkeiten ergeben. Sehr groß aber sind die Schwierigkeiten, ja oft die Hindernisse einer exakten Be-

---

[9] So sagt Oehler mit Recht, daß z. B. das Sondervermögen der Deutschen Reichspost nicht zur bewußten regelmäßigen Erzielung von prozentualen entsprechenden Erträgen angelegt worden sei, vielmehr sei es denkbar, daß mit Rücksicht auf die höheren Aufgaben der Post auch eine Zeit lang auf jeden Gewinn verzichtet werde. Zudem könne die Deutsche Reichspost infolge der engen Verflochtenheit der Betriebspolitik mit volkswirtschaftlichen Aufgaben eine anderen Erwerbsunternehmungen gleichkommende Rentabilität nur in Ausnahmefällen zeigen (S. 93).

rechnung des Anlagekapitals. Es gibt Fälle — bei Forsten, Domänen — wo ein buchmäßiges Anlagekapital überhaupt nicht überliefert ist, wo der Staat aus alter, domanialer Zeit Besitzungen und Betriebe ohne ziffernmäßige Wertveranschlagung übernommen hat. Welche Größe soll für das Anlagekapital hier eingesetzt werden?

Ganz besonders groß aber sind die Schwierigkeiten für die Berechnung des Anlagekapitals einer öffentlichen Eisenbahn. Es ist hier nicht der Raum, alle diese Schwierigkeiten auch nur etwa an dem Beispiel der heutigen Deutschen Reichsbahngesellschaft gründlich zu erörtern — zumal das Thema dieser Untersuchung ja eine Beschränkung auf Reinerträge und Zuschußbedarf verlangt, also die Behandlung der Rentabilitätsfrage im eigentlichen Sinne als das hier weniger wichtige erscheinen läßt. Ich will daher die in Betracht kommenden Tatsachen, die ich in meinem Buche „Die Finanzpolitik der Reichsbahn"[10] ausführlich dargelegt habe, hier nur andeuten.

Je nachdem man den Anschaffungswert eines Eisenbahnvermögens oder den derzeitigen Augenblickswert oder aber den Wiederbeschaffungswert einsetzt, ergeben sich ganz verschiedene Berechnungen. Welche von den drei Bewertungen ist die richtige?

Weiter ist es eine Gepflogenheit fast aller großen Eisenbahnverwaltungen — auch der privaten amerikanischen — in gewissem Umfange Neuanlagen, die voraussichtlich die Rente erhöhen, aus Betriebsüberschüssen zu finanzieren, ohne dabei das offizielle Anlagekapital zu erhöhen. So werden stille Reserven geschaffen, deren Auflösung nicht ohne weiteres möglich ist und die den wahren Wert des Anlagekapitals verschleiern.

Auf der anderen Seite muß in Betracht gezogen werden, daß der Wert eines Eisenbahnwesens wie jeder Betriebsunternehmung nur solange als voll bestehend angenommen werden darf, als eine dauernde und völlige Ausnutzung resp. Beschäftigung des Unternehmens besteht. Genau wie die ursprünglich wertvollsten Fabrikanlagen entwertet werden können, wenn der Absatz aufhört, so kann ein Eisenbahnunternehmen sich entwerten, wenn die Benutzung nachläßt.

Insbesondere muß damit gerechnet werden, daß unter Umständen im Laufe weniger Jahre Umwälzungen in der Technik und ungünstig

---

[10] Probleme des Geld- und Finanzwesens Bd. 11. Akadem. Verlagsges., Leipzig 1930.

wirkende wirtschaftliche Faktoren, steigende Konkurrenz des Kraft=
wagen= und Schiffahrtsverkehrs, häufige Wirtschaftskrisen u. a. m.
dahin wirken können, daß selbst ein scheinbar dauernd intakt gehaltenes
Anlagekapital eines Tages zu einem erheblichen Teil entwertet er=
scheint.

Gar nicht zu reden von den Schwierigkeiten der Bewertung, wo
es sich, wie bei der heutigen Reichsbahn, um ein Anlagekapital handelt,
das ursprünglich in der Vorkriegszeit bei den einzelstaatlichen Eisen=
bahnverwaltungen in Goldmark berechnet und fortgeschrieben wurde,
in der Nachkriegszeit in Papiermark, während jetzt die an Kaufkraft
um etwa 40% hinter der Goldmark zurückstehende Reichsmark hinter
die auf der alten Basis berechneten und fortgeschriebenen Ziffern ge=
setzt wird.

Aus all dem ist zu entnehmen, daß bei der größten Betriebsunter=
nehmung der Welt, der Deutschen Reichsbahn, das Anlagekapital eine
nahezu fiktive Größe ist, hinsichtlich deren Berechnung so viele Korrek=
turen nach den verschiedensten Seiten hin gemacht werden müssen, daß
schließlich der Schätzung und der Willkür Tür und Tor geöffnet bleibt
und niemand sagen kann, ob die offizielle Schätzung mit 25²⁄₃ Mil=
liarden für 1928 auch noch irgendeinen Wert besitzt.

3. Aber auch die Berechnung des Betriebsüberschusses, d. h.
des Überschusses der laufenden jährlichen Einnahmen über die laufen=
den jährlichen Ausgaben stößt unter Umständen auf Schwierigkeiten:
So finden wir, daß bei der gleichen Verwaltung, z. B. der preußisch=
hessischen Staatseisenbahn der Vorkriegszeit in den verschiedenen Peri=
oden ihres Bestehens, verschiedene Methoden der Trennung zwischen
laufenden und außerordentlichen Ausgaben vorliegen, daß z. B. seit
1890 nach einem ganz anderen, solideren und strengeren Finanzierungs=
prinzip gewirtschaftet wird als vorher. Daher sind dort die Ergebnisse
verschiedener Finanzperioden gar nicht mehr vergleichbar. In anderen
Fällen liegen Anomalien vor, deren Ausrechnung nicht möglich ist, so
daß man auf willkürliche Schätzungen angewiesen bleibt. So ist be=
kannt, daß die Staatsbetriebe mehr oder weniger weitgehende Steuer=
freiheiten besaßen und zum Teil noch besitzen. Es zahlt z. B. die Reichs=
post keine direkten Steuern. In Deutschland genoß die Post Privilegien
bei der Eisenbahn zugunsten der Paketbeförderung, während in Eng=
land die Post hohe Vergütungen an die Privatbahnen zahlte. Dadurch
erscheinen die laufenden Ausgaben der Deutschen Reichspost niedriger

als die ausländischer Postverwaltungen, die man zum Vergleich heranziehen könnte, vor allem aber: die offiziell ausgewiesenen Ausgaben sind niedriger als die wirklichen; die zum Teil an anderen Stellen der Etats versteckten Ausgaben sind in diesen Fällen überhaupt nicht zu berechnen, sondern nur zu schätzen. Der Betriebsüberschuß erscheint insoweit als zu hoch. Auf der anderen Seite erscheint der offizielle Betriebsüberschuß der Post insoweit wieder zu niedrig, als die Post in der Vorkriegszeit und im Weltkriege in großem Umfange Portoprivilegien gewährte und damit einen Einnahmeausfall bewirkte, der bei streng privatwirtschaftlicher Rentabilitätsberechnung mit in Betracht gezogen werden müßte. Dieser Punkt berührt sich mit den Darlegungen unter 1: Die Portofreiheiten bedeuten eine Abweichung von der streng privatwirtschaftlichen Wirtschaftsführung. — —

Aus allen diesen Gründen erscheinen die Möglichkeiten exakter Rentabilitätsberechnung bei den meisten großen öffentlichen Unternehmungen so gering, daß man schon deshalb auf sie verzichtet und sich entweder, wie bei der Eisenbahn, mit den — meines Erachtens allerdings wenig wertvollen — Vergleichen zwischen den offiziellen (nicht von allen Kostenbestandteilen bereinigten) Betriebsüberschüssen und dem sogenannten statistischen Anlagekapital begnügt oder unter Verzicht auf die Beantwortung der Rentabilitätsfrage nur die Berechnung der Höhe der Rohüberschüsse und Reinüberschüsse für sich, d. h. absolut genommen, sich zur Aufgabe stellt.

Die folgende Untersuchung wird zeigen, daß schon diese zuletzt genannte Aufgabe, die Frage nach den reinen Überschüssen im einzelnen viel mehr Schwierigkeiten zeigt, als man gemeinhin annimmt. Vorarbeiten zu ihrer Lösung waren nur in geringem Umfange vorhanden: fast überall zeigte sich, daß bei Anwendung einer streng kritischen Methode sich andere und kleinere Zahlen ergaben als die von den betreffenden Verwaltungen offiziell ausgewiesenen.

III. Hauptteil.
1. Deutsche Eisenbahnen in der Vorkriegszeit.

Die Deutsche Reichsbahn-Gesellschaft, deren Anlagekapital für 1928 mit 27 Milliarden RM beziffert wurde[11], ist zur Zeit die größte in sich geschlossene Unternehmung Deutschlands, wenn nicht der Welt. Die Roheinnahme beträgt ungefähr 5 Milliarden RM, der offiziell ausgewiesene Überschuß der Einnahmen über die Betriebsausgaben (einschließlich der Erneuerungen) jährlich 8—900 Millionen[11a]. Es ist deshalb gerechtfertigt, wenn die Untersuchung ihrer Überschüsse auch hier im Mittelpunkte steht.

Gerade hinsichtlich der Höhe der Reinüberschüsse der Eisenbahn aber bestanden in der Vorkriegszeit und bestehen zum Teil noch heute irrige Auffassungen.

Man hat häufig betont, die finanzielle Kraft und Selbständigkeit der deutschen Einzelstaaten (oder wie es heute heißt: der Länder) habe in Friedenszeiten in erster Linie auf dem Besitze der Staatseisenbahnen beruht, und zwar nicht so sehr auf ihrem Besitze als auf der Ausnutzung der Bahnen als Einnahmequelle: „Die Eisenbahnen waren das Rückgrat der einzelstaatlichen, insbesondere der preußischen Finanzen"[12], — diese und ähnliche Wendungen sind es, die in Monographien, in zahlreichen Artikeln aus der Hand von Fachleuten, in Zeitungen und Zeitschriften wie in Reden von Abgeordneten und Ministern so häufig gebraucht wurden.

Ich habe nun an der Hand des Zahlenmaterials untersucht, ob und in welchem Umfange die Behauptung von dem Rückgrat der Finanzen berechtigt war. Was mich bei jener Formulierung störte, war die Un=

---

[11] Die Ablieferungen der Reichsbank, die ja nicht Staatsunternehmung war, an das Reich, hatten den Charakter von steuerartigen Abgaben. Sie waren in der Kriegs= und Inflationszeit zum Teil sehr ansehnlich.

[11a] Der Geschäftsbericht für das Jahr 1930 zeigt freilich ungünstigere Ziffern: Roheinnahme 4570 Millionen und Betriebsüberschuß 480 Millionen.

[12] Wörtlich z. B. bei Renaud, Die Entwicklung des Eisenbahnwesens seit dem Jahre 1888. Berlin 1914. S. 57. Ferner: Respondek, Die Reichsfinanzen auf Grund der Reform von 1919/20. Berlin u. Leipzig 1921. S. 49. — Dem Sinne nach ähnlich Lagatz, Zur Geschichte des Reichseisenbahngedankens. Archiv für Eisenbahnwesen 1920. S. 328 ff.

bestimmtheit des Ausdrucks „Rückgrat der Finanzen" — der Ausdruck einer unpräzisen Bildersprache.

Meine Untersuchung hat gezeigt, daß die herrschende Meinung falsch war. Sie hat dargetan, daß bei einer kritischen Berechnung der Reinüberschüsse, die die Eisenbahnen für allgemeine Staatszwecke abgeworfen haben, sich ganz erheblich kleinere Zahlen ergeben, als man gemeinhin annimmt. Wenn man insbesondere die Zahlen der Eisenbahnreinüberschüsse mit denen der Steuereinnahmen sowie der gesamten Staatseinnahmen oder -ausgaben in Preußen, Bayern, Sachsen usw. verglich, so konnte von einem Rückgrat der Finanzen nicht die Rede sein[13].

Der Irrtum der herrschenden Meinung erklärt sich zum großen Teil daraus, daß man zuweilen sogar die Begriffe Roheinnahme und Reineinnahme verwechselt, vor allem aber fast ausschließlich mit dem Begriffe des Betriebsüberschusses operiert hat, der für Preußen in der Vorkriegszeit jährliche Einnahmen von mehreren 100 Millionen, ja von $1/2$ bis $3/4$ Milliarde aufzeigte. Die letztere bedenkliche Verwechslung scheint bis in die Fachkreise hinein verbreitet gewesen zu sein, ja, sie kommt noch heute vor — wie denn die Behauptung, die Eisenbahnüberschüsse seien das Rückgrat der einzelstaatlichen Finanzen gewesen, noch heute gelegentlich selbst in Vorträgen und Aufsätzen prominenter deutscher Eisenbahnfachleute wiederkehrt[14].

Diese Verwechslung von Rohüberschuß und Reinüberschuß — mindestens in der Terminologie — muß auch den sogenannten Dawes-Sachverständigen zur Last gelegt werden. Wenn auch nicht behauptet werden kann, daß diese Sachverständigen schlechthin den Betriebsüberschuß für einen Reinüberschuß angesehen hätten, so haben sie doch durch ihre irreführende Terminologie eine selbst in deutschen Kreisen verbreitete verhängnisvolle Konfusion vergrößert und den Anschein erregt, als sei eine Reparationsbelastung von $2/3$ Milliarden und mehr ohne weiteres tragbar, während in Wirklichkeit diese Summen zwar aus

---

[13] Moll, Die Bedeutung der Zahlen für die Finanzwissenschaft. Zeitschrift für Sozialwissenschaft. 1921. S. 561 ff. — Moll, Probleme der Finanzwissenschaft. Leipzig 1924. S. 81 ff. — Moll, Festgabe für G. v. Schanz. 1928. I. S. 237.

[14] So z. B. bei Dorpmüller, Die Eisenbahn unter dem Dawesgesetz und die Industrie in „Wirtschaftliche Nachrichten aus dem Ruhrbezirk". 1925. S. 1229 ff.

den Betriebsüberschüssen gezahlt werden, aber nur auf Kosten der Weiterentwicklung und unter Umständen sogar der Erhaltung des Eisenbahnwesens und nur unter immer erneuten Tariferhöhungen, sowie bis jetzt auf Grund der völligen Ignorierung der Aufwertung der Vorkriegsschuld seitens der im letzten Grunde, materiell betrachtet, allein dafür zuständigen Stelle, nämlich der Bahn[15].

Die Aufgabe festzustellen, welche Erträge die Staatsbahnen in jedem einzelnen Jahr für jedes einzelne Land nach Deckung aller Eisenbahnausgaben für reine Staatszwecke resp. eisenbahnfremde Zwecke übriggelassen hatten, läßt nun freilich eine Berechnung, die den Anforderungen völliger wissenschaftlicher Exaktheit entspräche, nicht zu[16]. Die Ergebnisse der gleichen Eisenbahnverwaltung aus verschiedenen Zeitläuften sind nicht völlig vergleichbar, wie denn z. B. die preußisch-hessische Staatseisenbahnverwaltung in den verschiedenen Zeiten ihres Bestehens ungleichartige Grundsätze in bezug auf die Trennung und Behandlung von ordentlichen und außerordentlichen Ausgaben, in bezug auf Tilgungsnormen und Ausgleichsfonds angewendet hat. Wer sich je mit den Fragen der Trennung von ordentlichen und außerordentlichen Ausgaben, mit dem Unterschied zwischen Substanzerhaltung und -erweiterung (heute kommt dazu noch die Substanzerneuerung, die mit der Substanzerhaltung zusammen der Erweiterung gegenübergestellt wird) im Eisenbahnwesen eingehend beschäftigt hat, wird wissen, daß selbst eine noch so scharfe und klare theoretische Norm — die es keineswegs zu allen Zeiten und bei allen Eisenbahnverwaltungen gegeben hat — nicht dahin führt, daß nun auch in praxi die Unterscheidung scharf und konsequent durchgeführt wird: gibt doch z. B. die heutige Reichsbahn selbst zu, daß sie je nach der Finanzlage die Norm so oder so handhabt, die Grenze enger oder weiter zieht[17].

---

[15] Vgl. hierzu meine Schrift „Die Finanzpolitik der Reichsbahn", Probleme des Geld- und Finanzwesens Heft 11 (Leipzig, Akadem. Verlagsgesellschaft m. b. H., 1930), der die folgende Darstellung der von mir schon öfter (in den oben S. 17 Anm. 13 zitierten Schriften) behandelten Materie im wesentlichen entnommen ist.

[16] Ähnlich urteilt Lotz, Finanzwissenschaft. 1917. S. 782.

[17] Vgl. das Referat von Geheimrat Haeußer in der Sitzung des Verkehrsausschusses des deutschen Industrie- und Handelstages. Verhandlungen Heft 8. 1928. S. 8.

Dazu kommt das Fehlen einer Voraussetzung der exakten Vergleichung: nämlich einer konsequent durchgeführten kaufmännischen Buchführung in den Eisenbahnunternehmungen für alle in Frage stehenden Zeiträume.

Diese Vorbehalte mußten meiner Untersuchung vorangestellt werden. Im übrigen habe ich folgendes Verfahren eingeschlagen[18], nach dem ich zunächst die preußische Eisenbahnverwaltung der Vorkriegszeit untersucht habe: Von der Differenz aus Eisenbahnroheinnahme und laufender, jährlicher (Betriebs-) Ausgabe zieht man ab: die zur Verzinsung und Tilgung der Staatsschuld (möglichst nur: der Eisenbahnschuld) verwendeten Beträge; die Mittel zur Bildung und Ergänzung des Dispositionsfonds; alle Pensionszahlungen an ehemalige Eisenbahnbeamte, die ja eigentlich zu den laufenden Ausgaben gehören, Witwen- und Waisengelder usw.; endlich das Extraordinarium für Eisenbahnanlagen; kurz alle Eisenbahnausgaben im weitesten Sinne des Wortes. Betreffs des Abzugs des Extraordinariums, das ja zum Teil eine Substanzerweiterung des Eisenbahnwesens, einen zur Vergrößerung des Anlagekapitals benutzten Gewinnanteil darstellt, kann man verschiedener Ansicht sein. Es scheint mir jedoch außer Zweifel zu stehen, daß der Abzug dieser außerordentlichen Ausgaben dann notwendig wird, wenn die Frage wie hier lautet: Welche Erträge haben die Eisenbahnen für reine Staatszwecke, d. h. für nicht die Eisenbahnen betreffende Zwecke abgeworfen? Angenommen nämlich, die Eisenbahnen wären in Privatbesitz gewesen, so hätte der Staat nur diejenigen Summen aus anderen Mitteln (Steuern, Gebühren, anderen Erwerbseinkünften) aufbringen müssen, die er tatsächlich aus den Eisenbahnüberschüssen für reine Staatszwecke entnahm. Aber eben auch nur diese Summen; um die Erweiterung des Eisenbahnwesens würde sich dann der Staat nicht gekümmert haben. Es kommt daher der Teil der Eisenbahnüberschüsse, der für das Extraordinarium verwendet oder verrechnet wird, meines Erachtens für reine Staatszwecke nicht als Reinertrag in Betracht, vielmehr muß auch dieser Posten vom Betriebsüberschuß abgezogen werden, bevor sich der Überschuß für reine Staatszwecke ergibt.

Nach den Tabellen, die Biedermann im Archiv für Eisenbahnwesen 1906 bringt[19] und die nach den Betriebsrechnungen, Staatshaushaltsrechnungen und anderen amtlichen Quellen angefertigt sind, kann man ausrechnen, daß — bei Zugrundelegung des oben charakterisierten Abzugsverfahrens — in den 24 Jahren von 1882—1904 die preußischen Staatsbahnen etwa 2300 Millionen Mark an Überschüssen für reine Staatszwecke

---

[18] Die Bedeutung der Zahlen für die Finanzwissenschaft. Zeitschrift für Sozialwissenschaft. 1921. S. 560.

[19] S. 386 ff.

abgeworfen haben. Also pro Jahr noch nicht 100 Millionen. Hier ist nun freilich zu beachten, daß 100 Millionen eine Durchschnittszahl ist, daß die Reinerträge seit den 80er Jahren im ganzen sehr erheblich gewachsen waren. Nimmt man nur den Durchschnitt der zehn Jahre 1899—1908, so ergibt sich schon eine jährliche Eisenbahnreineinnahme von etwa 170 Millionen[20].

Meine Ergebnisse sind seitens der Fachliteratur akzeptiert[21] wie auch durch eine spätere eingehende Spezialuntersuchung von F. W. Wilmers bestätigt worden. Die letztere, leider nicht im Druck erschienene Arbeit: Die reinen Überschüsse der preußischen Staatsbahnen und ihre Bedeutung für den Staatshaushalts[22] hat die wesentliche Richtigkeit meiner Ergebnisse erhärtet. Wilmers hat sowohl die von mir angewandte Methode einer eingehenden Kritik unterzogen wie auch selbst eine sorgfältige eigene Berechnung der Eisenbahnreinüberschüsse für die Periode 1882—1914 vorgenommen. In den Einzelheiten bestehen zum Teil geringfügige Differenzen zwischen den von Wilmers und mir berechneten Zahlen. So beziffern sich bei Annahme der Wilmersschen Zahlen für die Periode 1882—1895 die Eisenbahnreineinnahmen auf etwa 100 Millionen Mark im Jahresdurchschnitt, während ich sie auf 93½ Millionen Mark berechnet hatte — ein nicht sehr gewichtiger Unterschied.

Zur Ergänzung seien die wichtigsten Ziffern der Wilmersschen Tabellen angeführt[23]:

Eisenbahn-Reinüberschüsse für die Periode von 1882—94, von Wilmers berechnet.
(Wilmers S. 60b, Spalte XV.)

Jahr	in Mill. RM	Jahr	in Mill. RM
1882	117	1889	95
1883	84	1890	88
1884	129	1891	60
1885	108	1892	77
1886	98	1893	116
1887	73	1894	111
1888	98		

---

[20] Nach den bei Quaatz, Der preußische Eisenbahnetat, Archiv für Eisenbahnwesen 1910, S. 1132, angegebenen Ziffern berechnet.

[21] Über die Äußerungen von Schanz, Bela Földes, Constantin Miller u. a. siehe Moll, Die finanzielle Bedeutung der öffentlichen Unternehmungen. Festgabe für Georg v. Schanz. 1928. Bd. 1. S. 239, vgl. ferner oben S. 6 Anm. 6.

[22] Leipziger Dissertation. 1923.

[23] Festgabe für Georg v. Schanz. Bd. 1. S. 240.

Jahr	Eisenbahn=reinüberschüsse	Mehrbetrag der Steuern gegenüber den Eisenbahn=reinüberschüssen	Dieser Mehrbetrag in %
	in Millionen RM		
1895	112	72	64
1896	107	86	81
1897	126	81	64
1898	122	100	82
1899	138	96	70
1900	147	97	67
1901	149	106	71
1902	155	103	67
1903	182	82	45
1904	196	74	32
1905	211	79	37
1906	168	138	82
1907	164	159	97
1908	99	247	249
1909	184	226	123
1910	210	226	108
1911	220	237	108
1912	227	249	109
1913	234	264	113

Für Bayern hat Maiholzer[24] darauf hingewiesen, daß schon die Betriebsrechnung des Staatseisenbahnwesens mehrfach mit einem Defizit abschloß, das aus allgemeinen Staatsmitteln gedeckt werden mußte. Während der Jahre 1878—1907 trat ein Fehlbetrag elfmal auf. Im ganzen hat Bayern nach der Berechnung von Zinßmeister zwischen 1880 und 1903 aus allgemeinen Staatsmitteln an die Eisenbahnen noch 41 Millionen Mark abgeführt[25]. Hier lieferten also die Eisenbahnen — bei Abzug der Kosten für Verzinsung und Tilgung der Staatsschuld und für Erweiterungen des Eisenbahnwesens usw. — nicht nur keine Reinüberschüsse für andere Staatszwecke, sondern verlangten sogar Zuschüsse.

Auch für Sachsen habe ich darauf hingewiesen[26], daß bei wirklich kritischer Berechnung des Reinüberschusses, nämlich nach Abzug der Ausgaben für Verzinsung und Tilgung der Eisenbahnschuld und für das Extraordinarium höchstwahrscheinlich statt der vermeintlichen Überschüsse für reine Staatszwecke auf die Dauer Fehlbeträge sich herausgestellt haben würden. —

Die von mir errechneten Zahlen sind lehrreich gewesen, weil sie zeigten, daß die noch heute gelegentlich verbreitete und in der Finanzpolitik in die Debatte geworfene Behauptung, in der Vorkriegszeit seien die Eisen=

---

[24] Die Rentabilität der Bayerischen Staatseisenbahnen. Wirtschafts= und Verwaltungsstudien. Herausgegeben von Schanz. Leipzig 1911.

[25] Die Wirtschaftsfrage im Eisenbahnwesen. Leipzig 1905. S. 28.

[26] Die Bedeutung der Zahlen für die Finanzwissenschaft. Zeitschrift für Sozialwissenschaft. 1921. S. 563.

bahneinnahmen das Rückgrat der einzelstaatlichen Finanzen gewesen, durchaus unzutreffend ist — was ich in den oben zitierten Abhandlungen an der Hand eines Vergleichs mit den Steuereinnahmen und der gesamten Staatseinnahme und -ausgabe im einzelnen nachgewiesen habe. Zugleich sind meine Berechnungen wichtig gegenüber der (auch von Quaatz mit Recht zurückgewiesenen) Formulierung der Sachverständigen, die deutschen Eisenbahnen der Vorkriegszeit hätten einen „Reinertrag" von einer Milliarde gebracht, und damit wichtig für die Beurteilung der Tributbelastung. Nach einer anderen Richtung aber darf man die Bedeutung dieser Ziffern nicht überschätzen. Sie zeigen uns nur ein Stück der tatsächlichen Finanzgebarung. Sie zeigen uns, wie es wirklich gewesen ist, aber sie zeigen uns nichts über die Problematik der Eisenbahnfinanzen, sie sagen nichts davon, warum es gerade so und nicht anders gewesen ist und wie es hätte sein können, wenn die Voraussetzungen andere waren.

So ist mit den oben angeführten Zahlen nichts darüber gesagt, wie jene Ergebnisse zustande kamen, d. h. welche Teile des Eisenbahnverkehrs im einzelnen die Überschüsse aufbrachten, wie weit der Personen- und der Güter- und Gepäckverkehr, wie weit die einzelnen Objekte und Tarife im Güterverkehr — Fragen, über die manches bereits bekannt ist und über die natürlich noch viel ermittelt werden könnte[27].

Ferner wissen wir, daß die Eisenbahnen der Vorkriegszeit keineswegs nach dem engherzigen Prinzip des Strebens nach den höchsten Überschüssen behandelt wurden — eine Sachlage, die unter anderm im Dawesgutachten seitens der sogenannten Sachverständigen geradezu uns zum Vorwurf ge-

---

[27] Als wichtige Momente für die Vorzugsstellung Preußens hinsichtlich der Eisenbahnüberschüsse wurden in der Literatur der Vorkriegszeit vor allem angeführt:

1. das günstige Terrain, da das preußische Staatsgebiet zum größten Teile aus Flachland besteht und der Bau und Betrieb der Eisenbahnen sich deshalb erheblich billiger gestaltet als in Ländern mit gebirgigem Boden;
2. die Tatsache, daß die deutschen Kohlenvorräte zum größten Teile innerhalb der preußischen Grenzen lagen, wodurch der Massengüterverkehr eine außerordentliche Stärke erhielt;
3. endlich wird der seit den 80er Jahren erfolgende allgemeine wirtschaftliche Aufschwung als wichtiger Faktor für die günstige Lage der Eisenbahnen angeführt — so vor allem bei Lagatz, Zur Geschichte des Reichseisenbahngedankens, S. 8, Anmerk., wo, wie auch in anderen Darstellungen, freilich noch weitere Momente aufgeführt werden, deren Stichhaltigkeit ich nicht nachprüfen kann. Auch die sehr schmale und unzureichende Besoldung, die der Staat hier wie an anderen Stellen der Verwaltung den unteren Beamten zuteil werden ließ — ein freilich vom kulturellen Standpunkt aus höchst zweifelhaft zu bewertender Faktor —, sprach mit.

macht wird. Eine weitgehende Rücksichtnahme auf allgemeinpolitische, militärische, hygienische, sozialpolitische, agrar-, gewerbe-, handels- und verkehrspolitische Momente fand statt. Nicht das Tarifeinmaleins galt, d. h. nicht diejenigen Tarife wurden durchgängig angewandt, die voraussichtlich die höchsten Reinerträge abgeworfen hätten, sondern das Streben nach diesen Erträgen wurde durch jene vielerlei Rücksichten durchkreuzt.

Es erhebt sich die Frage: Wie hätte es mit den Überschüssen der preußischen Eisenbahnverwaltung ausgesehen, wenn jene Rücksichten nicht obgewaltet hätten, sondern wenn die Eisenbahnen wie in den Ländern mit Privatbahnsystem unter viel stärkerer Betonung des rein privatwirtschaftlichen Rentabilitätsgesichtspunktes verwaltet worden wären?

Weiter sagt die Angabe der reinen Überschüsse noch nichts aus über die wirkliche Rentabilität der Bahnen, da ja nun erst das Verhältnis zwischen den (richtig berechneten) Betriebsüberschüssen und dem wirklichen Anlagekapital festgestellt werden müßte, um auch diese Frage zu beantworten.

Immerhin seien im folgenden wenigstens die offiziellen Berechnungen der Rentabilität der vollspurigen Eisenbahnen Deutschlands aus den letzten 15 Jahren der Vorkriegszeit angeführt (das Verhältnis der Betriebsüberschüsse zum Anlagekapital). Jedoch ist dabei zu beachten, daß das statistische Anlagekapital eine höchst problematische Größe ist[28], und daß auch die Ziffern der Betriebsüberschüsse noch Kostenbestandteile (Ausgaben für Pensionen usw.) enthalten, von denen sie streng genommen bereinigt werden müßten.

Anlagekapital und Betriebsüberschüsse der vollspurigen Eisenbahnen 1900–1914.

Rechnungs-jahr	Anlagekapital am Ende des Rechnungs-jahres	Betriebs-ein-nahmen	Betriebs-ausgaben	Betriebs-über-schüsse	vom verwendeten Anlagekapital %
	Millionen Reichsmark				
1900	12 749	2031	1290	741	5,91
1901	13 131	1973	1310	663	5,14
1902	13 457	2025	1311	714	5,40
1903	13 827	2162	1357	805	5,95
1904	14 180	2267	1433	834	6,00
1905	14 552	2437	1541	896	6,29
1906	15 041	2628	1697	931	6,35
1907	15 635	2745	1894	851	5,60
1908	16 266	2698	1985	713	4,51
1909	16 870	2843	2007	836	5,09
1910	17 348	3036	2063	973	5,74
1911	17 833	3271	2152	1119	6,41
1912	18 457	3477	2346	1131	6,29
1913	19 245	3556	2490	1066	5,70
1914	19 835	3134	2513	621	3,20

[28] Vgl. oben S. 10 ff.

2. Die Deutsche Reichsbahn.

a) Dawesgutachten und Eisenbahnüberschüsse.

Soweit die Vorkriegszeit. Wie sieht es heute aus?

Es heißt im Dawes-Gutachten, daß billigerweise ein jährlicher Reinertrag oder Überschuß von einer Milliarde Goldmark von der deutschen Eisenbahn erwartet werden könne — dies sei ganz wenig mehr als der vor dem Kriege erzielte Reinertrag.

Die Sachverständigen zählen eine Reihe von Momenten auf, die angeblich eine Verbesserung der jetzigen finanziellen Situation gegenüber der Vorkriegszeit bedeuten resp. die Möglichkeit gewährleisten sollen, daß dieser sogenannte Reinertrag (gemeint ist jedoch der Betriebsüberschuß!) für eine andere Verwendung als in der Vorkriegszeit, nämlich in erster Linie für die Tributbelastung frei werden könnte.

Einmal wird erklärt, die Tarife der Vorkriegszeit, insbesondere die Personentarife, seien sehr niedrig gehalten worden, und es habe dabei der Rentabilitätsgesichtspunkt erst in zweiter Linie gestanden. Im Hauptteile des ersten Sachverständigenberichtes (1924) wird dazu gesagt, die Eisenbahnen seien in erster Linie im Interesse der deutschen Industrie und erst in zweiter Linie als gewinnbringendes Unternehmen betrieben worden, und ein völliger Bruch mit diesen alten Überlieferungen sei dringendes Erfordernis. Zweitens wird behauptet, der Beamtenkörper sei größer als notwendig. Drittens: es seien prächtige Bahnhöfe und Rangierbahnhöfe unter großem Kostenaufwand erbaut worden. Viertens hätte man in großem Umfange aus Betriebsüberschüssen große Summen für Verbesserungen und Erweiterungen verwendet, die ganz gut dem Kapital hätten zur Last gelegt werden können. Das Kapitalkonto könne aber auf Jahre hinaus ohne irgendwelchen Schaden vollkommen geschlossen werden. Weiter seien die Löhne in Deutschland niedriger als in England und in den Vereinigten Staaten. Als eins der wichtigsten Momente wird betont, daß durch die Geldentwertung die Eisenbahnschuld der Vorkriegszeit getilgt sei, und daß daher etwa eine halbe Milliarde Mark für andere Zwecke frei werde, die vor dem Kriege der Verzinsung und Tilgung dieser Schulden gedient habe. Endlich solle die Position der Bahn gegenüber dem Reiche dadurch verbessert werden, daß die Bahn aufhören solle, unentgeltliche

Verkehrsleistungen für die Post auszuführen, was z. B. in Großbritannien nicht der Fall sei. Soweit die „Sachverständigen".

1. Wie aber steht es zunächst mit dem wichtigsten Punkte, mit der angeblichen Beseitigung der Vorkriegsschuld? Hier hat man die Sache bisher so angesehen, als ob jene 400 bis 500 Millionen, die in der Vorkriegszeit zur Verzinsung und Tilgung der Eisenbahnschuld aufgewandt wurden, nunmehr völlig in Wegfall gekommen wären. Mit Recht hat aber Quaatz in seinem Buche „Sicherheit und Wirtschaft bei der Reichsbahn"[29] darauf hingewiesen, daß die Verhandlungen über die Aufwertung des Restkaufgeldes noch schweben und daß möglicherweise das Reich, das ja den Rechtstitel dieser Schulden anscheinend nicht bestreitet, sondern nur um die Höhe der Aufwertung kämpft, unter Umständen allein, ohne Berücksichtigung der jetzigen Geldentwertung, und mit Einschluß der Verzinsung der Vorzugsaktien fast ebensoviel jährlich zahlen müßte, wie der Schuldendienst der Vorkriegszeit betrug! Quaatz legt eine Schuldsumme von 5 Milliarden zugrunde, einen Zinsfuß von 6% und einen Tilgungssatz von 2%, das ergibt eine jährliche Verzinsung von 8% resp. 400 Millionen RM; dazu 35 Millionen RM für Verzinsung der Vorzugsaktien.

Nun ist zwar nicht zu übersehen, daß auch im äußersten Falle der Anerkennung einer so hohen Aufwertung ja nicht die Reichsbahn, sondern — nach den geltenden Gesetzen — das Reich diese Last der Verzinsung und Tilgung tragen müßte. Ebenso klar ist aber auch, daß die einzig tragfähige Schulter für die Verzinsung und Tilgung der ursprünglichen Länder-Eisenbahnschulden nach wie vor nur die Eisenbahn gewesen wäre und nicht etwa der Reichshaushalt als solcher! Denn das Reich, das an sich schon „notleidend" ist und aus eigener Kraft nicht einmal seine bisherigen Aufgaben, insbesondere die für Sozial- und Wohlfahrtszwecke, aufbringen kann, wird nicht imstande sein, noch die zusätzliche Summe von fast einer halben Milliarde im Jahr für jenen anderen Zweck aufzubringen, wie ja denn auch nicht in der Vorkriegszeit die Länder als solche es waren, die jene Schuldzinsen und Tilgungsquoten aufbrachten; vielmehr wurde dieser Schuldendienst unmittelbar aus den Betriebsüberschüssen der Eisenbahnen gedeckt, was als die einzig gesunde Lösung

---

[29] 1929 Reimar Hobbing, namentlich S. 106—126.

erscheint. Um es noch deutlicher zu sagen: nachdem durch die Geldentwertung und durch den Übergang der Eisenbahnen sowohl wie der alten Länderschulden auf das Reich für den Haushalt der neuen Reichsbahn eine Entlastung geschaffen wurde, die etwa eine halbe Milliarde betrug und die nun in erster Linie für die Tributleistungen als Grundlage ausersehen wurde — ist nachträglich wieder mit der Anerkennung einer Verpflichtung zur Aufwertung des Kaufpreises, insbesondere des Restkaufgeldes zu rechnen, die leicht wieder nahezu die alte Vorkriegshöhe erreichen kann und für deren Aufbringung nun, da die Eisenbahn als eine der wichtigsten Tributquellen nicht mehr dafür in Betracht kommt, in erster Linie das notleidende und fast zahlungsunfähige Reich selbst eintreten müßte! Wahrhaftig eine kritische Situation, die die ganze Gewaltsamkeit und Unzuverlässigkeit der Argumentation der „Sachverständigen" zeigt.

Es ist im übrigen richtig, wenn Quaatz darauf hinweist, daß die von den Sachverständigen und vom Eisenbahnkommissar gebrauchten Ausdrücke „Reinüberschuß" und „Reinertrag" zu schweren Irrtümern führen, die die Beurteilung der ganzen Sachlage zu unseren Ungunsten verschieben: handelt es sich doch in Wirklichkeit um den Betriebsüberschuß, während der Reinüberschuß der deutschen Staatseisenbahnen der Vorkriegszeit, wie Quaatz mit Recht bemerkt, noch nicht einmal eine Viertelmilliarde betragen hat. Dabei muß ich dann auf meine eigenen Untersuchungen zurückverweisen (s. u. Anm. 13).

Es zeigt sich aber weiter, daß die Annahmen der Sachverständigen in entscheidenden Punkten nicht zutreffen:

2. Es war ausgeschlossen, daß, wie die Sachverständigen meinten, das Kapitalkonto der Reichsbahn auf Jahre hinaus hätte geschlossen werden können[30].

3. Es ließ sich nicht vermeiden, daß später auch seitens der nach den Plänen der „Sachverständigen" errichteten Deutschen Reichsbahngesellschaft in großem Umfange Neuanlagen aus Betriebsüberschüssen finanziert wurden, weil andere Mittel einfach nicht vorhanden waren und insbesondere in Anbetracht der Reparationsbelastung der Bahn, der Haltung des Reparationsagenten, der Lage des Geld- und Kapitalmarktes auch nicht beschafft werden konnten.

---

[30] Vgl. hierzu „Die Finanzpolitik der Reichsbahn". S. 42ff.

4. Es trifft nicht zu, daß die Angleichung der Tarife an das englisch-amerikanische Muster ohne Schädigung der deutschen Volkswirtschaft und zeitweise sogar ohne Rückgang der absoluten Tarifeinnahme erfolgen konnte.

Die außerordentlich verwickelte Tariffrage soll nur gestreift werden, da ihr sonst eine besondere und ausführliche Abhandlung gewidmet werden müßte. Man darf jedenfalls nicht übersehen, daß die Rücksichtnahme auf die Interessen der Benutzer und der Industrie, wie sie im Deutschland der Vorkriegszeit stattfand, im großen Zusammenhange vom allgemein volkswirtschaftlichen Gesichtspunkte gesehen, vielleicht doch überwiegende Vorteile gehabt hat gegenüber der Praxis der Privateisenbahnländer (England und Amerika), in denen der Rentabilitätsgesichtspunkt voranstand und die Interessen der Volkswirtschaft zu kurz kamen. Es ist ferner die Frage, wieweit nach dem Tarifeinmaleins erhebliche und dauernde Tariferhöhungen überhaupt eine Mehreinnahme nach sich ziehen konnten: Die letzten Erfahrungen der Deutschen Reichsbahn müssen nach dieser Richtung sehr pessimistisch stimmen. Daß der mechanische Vergleich der Tarifhöhe und Lohnhöhe mit den reicheren angelsächsischen Ländern unzulässig ist, ist selbstverständlich.

Dazu kommen noch weitere Momente, die die Sachverständigen nicht berücksichtigt haben, vielleicht zum Teil auch nicht erkennen konnten und die die Situation der Bahn ungünstiger gestalten, als dem Bericht entsprach.

5. Von deutscher Seite ist nachträglich moniert worden, daß die Schätzung des Anlagekapitals seitens der Sachverständigen zu hoch gewesen sei[31].

6. Die Konkurrenz der Kraftwagen, der (vom Reiche unterstützten!) Wasserstraßen und des Luftverkehrs hat sich immer stärker ausgewirkt: die Reichsbahn selbst schätzte allein den Einnahmeausfall infolge der Konkurrenz des Kraftwagenverkehrs pro Jahr auf etwa 250 Millionen und nimmt an, daß bis 1932 diese Zahl sich auf 500 Millionen RM steigern wird[32].

---

[31] Vgl. Quaatz, Sicherheit und Wirtschaft bei der Reichsbahn. 1929. Bes. S. 116.

[32] Generaldirektor Dorpmüller in „Gegenwart und Zukunft der Reichsbahn". 1929. S. 114.

7. Die Reichsbahn hat durch die Folgen des Versailler Diktats wichtige Eisenbahnüberschußgebiete verloren, ein Verlust, der auf die Einnahmeseite ihrer Gewinnrechnung belastend einwirkt.

8. Die sogenannten politischen Lasten der Reichsbahn an Pensionen und Wartegeldern, die ihr im Jahre 1926 aufgebürdet wurden, in Höhe von 212 Millionen RM, belasten weiter die Ausgabeseite[33]. Es sind Ausgaben, die mit den Funktionen der Bahn nichts zu tun haben, deren Wiederbeseitigung aber unter den heutigen politischen und wirtschaftlichen Verhältnissen so gut wie ausgeschlossen erscheint: denn das Reich wird sie nicht übernehmen können, da es schon seinen bisherigen Bedarf nicht decken kann.

9. Die Kriegsschäden am Ober- und Unterbau usw. waren 1924 noch keineswegs sämtlich beseitigt.

10. Weiter ist zu beachten, daß in der Jetztzeit wirtschaftliche Krisen in einem ganz anderen Ausmaße als in der Vorkriegszeit auftreten, die eine weitere Bedrohung der Grundlagen der Einnahmegewinnung bilden, und endlich

11. daß die unter dem neuen Regime erfolgte Trennung zwischen Eisenbahnhaushalt und Staatshaushalt, die sicherlich auch manches Heilsame hat, der Eisenbahn die Pflicht auferlegt, in Zeiten guten oder leidlichen Geschäftsganges für die Bildung von erheblichen Reserven zu sorgen, um in den mageren Zeiten nicht darauf angewiesen zu sein, das Reich um Almosen anzugehen.

Alles dies sind Momente, die von den Sachverständigen teils gar nicht, teils nicht genügend beachtet resp. vorausgesehen worden sind.

b) Die Berechnung der Überschüsse der Reichsbahn.

Die Verwendung der Betriebsüberschüsse der Reichsbahn ist sehr gut veranschaulicht in einer „bildlichen Darstellung", die als Anlage VII dem Berichte des Eisenbahnkommissars vom Juni 1927 beigegeben ist und die sich auf das Geschäftsjahr 1926 bezieht. Nicht nur die Verschiedenheit, sondern auch die Größe der einzelnen Verwendungsarten kommt dort einigermaßen anschaulich zum Ausdruck.

Die Roheinnahmen betrugen rund 4½ Milliarde, wovon charakteristischerweise dem Verhältnis der Vorkriegszeit entsprechend der größere Teil, nämlich 2 Milliarden 830 Millionen aus dem Güter-

---

[33] Denkschrift der Reichsbahngesellschaft vom April 1928, S. 14 u. a.

verkehr, der kleinere Teil, 1320 Millionen, aus dem Personenverkehr stammten, während 390 Millionen als sonstige Einnahmen verbucht wurden. Daraus wurden zunächst die Ausgaben für den Betrieb der Bahnen gedeckt, die Besoldungen der Beamten (1926 über 1 Milliarde 43 Millionen), die Löhne der Betriebsarbeiter und Angestellten (rund 350 Millionen), Ruhegehälter und Hinterbliebenenbezüge, Wartegelder usw. (418 Millionen), andere persönliche Ausgaben (264 Millionen), zusammen etwas über 2 Milliarden persönliche Ausgaben. Dazu kommen etwa 1255 Millionen Sachausgaben, Unterhaltung von Ausstattungsgegenständen, baulichen Anlagen und Fahrzeugen, sowie ein kleinerer Posten anderer sachlicher Ausgaben und 457 Millionen Ausgaben für Erneuerung von Ausstattungsgegenständen, Fahrzeugen und baulichen Anlagen, welch letztere dabei bei weitem den Löwenanteil erhalten (375 Millionen).

Die Differenz zwischen den Roheinnahmen und den bisher genannten Ausgaben, also den Ausgaben für Betrieb, Unterhaltung und Erneuerung, bildet den offiziell ausgewiesenen sogenannten Betriebsüberschuß.

Aus diesem Überschuß (1926: 860 Millionen) wurden nun geleistet die Reparationszahlungen, gewisse Rücklagen, Dividende auf die Vorzugsaktien und der Vortrag auf neue Rechnung. Den Hauptposten unter diesen 4 Gruppen von Verwendungen nahmen die Reparationszahlungen ein (1926 nur 574,3 Millionen, heute 660 Millionen), die Zuweisung zur gesetzlichen Ausgleichsrücklage betrug 90 Millionen, 1927 und 1928 je ungefähr 100 Millionen. Man rechnete damit, daß im Laufe des Jahres 1929 die Auffüllung der sogenannten Ausgleichsrücklage auf den Betrag von 500 Millionen erfolgen würde, wodurch dann vom nächsten Jahre ab eine erhebliche Entlastung des status der Reichsbahn, nämlich um jene etwa 100 Millionen RM, zu erwarten gewesen wäre. Auch erwartete man, daß bei der endgültigen Regelung der auf Grund des Youngplanes zu erlassenden Gesetze die Bestimmung über die Höhe dieser Rücklage noch etwas gemildert werden würde.

Eine weitere Verwendungsart für den Betriebsüberschuß sind die Rückstellungen für Betriebsrechtsabschreibungen und ähnliche Verwendungen, im wesentlichen Abschreibungen für den neuen Anlagezuwachs.

Der Vortrag auf neue Rechnung ist nur um 14 Millionen größer als der Vortrag aus 1925, der Vortrag für 1928 um 6 Millionen größer als der Vortrag aus 1926, für 1926 ergibt sich nur ein Saldo von etwa 200000 RM — also ein Posten, der bis jetzt wenig ins Gewicht gefallen ist.

Die sehr bestrittene Frage, wieweit der offiziell ausgewiesene Betriebsüberschuß ein wirklicher Betriebsüberschuß ist, wird sehr verschieden beantwortet. Während die Wirtschaftskreise ziemlich allgemein die Auffassung vertreten, daß unter dem Titel Erneuerung in weitgehendem Umfange Investitionen enthalten sind, die streng genommen dem Konto Anlagezuwachs hätten zugeschrieben werden müssen, daß also der wirkliche Betriebsüberschuß erheblich größer ist als der offizielle, müßte man nach der strengen Berechnungsmethode, wie sie z. B. das Reichsbahngericht für 1927 angewendet hat, annehmen, daß mindestens in den ersten Jahren der neuen Regelung umgekehrt wegen der erheblichn Unzulänglichkeit der für Erneuerung aufgewendeten Summen, der wirkliche Betriebsüberschuß kleiner sein müßte als der ausgewiesene. Indessen diese schwierige und gar nicht objektiv entscheidbare Frage braucht uns hier nicht zu beschäftigen, wenn wir eine Methode der Berechnung anwenden, die derjenigen entspricht, wie ich sie für die preußisch-hessische Staatseisenbahn der Vorkriegszeit durchgeführt habe. Alsdann lautet nämlich die Fragestellung nur: wieviel haben in jedem Jahre die Eisenbahnen für nicht die Eisenbahn selbst betreffende, also eisenbahnfremde Zwecke (man sagte damals auch: allgemeine Staatszwecke) abgeworfen? Die Antwort erscheint in unserem vorliegenden Falle bei der Reichsbahn zunächst außerordentlich einfach: streng genommen sind nur die für Reparationszwecke geleisteten Zahlungen eisenbahnfremde Leistungen. Nur sie betreffen weder den Betrieb noch die Unterhaltung, weder die Erneuerung noch die Erweiterung und Entwicklung des Eisenbahnwesens. Alle Beträge dagegen, die einem der eben genannten Zwecke dienen, insbesondere die Ausgleichsrücklage, die übrigen Rücklagen, insbesondere die Abschreibungen für das Betriebsrecht, der Vortrag für das neue Geschäftsjahr, dienen der Erhaltung und Erweiterung des Eisenbahnwesens, wobei freilich der Fall ausgenommen werden muß, daß die Ausgleichsrücklage einmal wirklich für die Zwecke der Reparationszahlung in Anspruch genommen werden mußte, was im Gesetz vorgesehen ist. Insofern ist der Charakter der Rücklage, die aber ebenso auch der Deckung eines etwaigen Betriebsfehlbetrages dienen soll, ein zwiespältiger. Bei der Dividende auf die Vorzugsaktien könnte man im Zweifel sein, ob ein eigentlicher Unkostenfaktor für die Eisenbahn vorliegt, oder aber eine Ausgabe für

Reinerträge u. Zuschußbedarf b. öffentlichen Unternehmungstätigkeit. 29

eisenbahnfremde Zwecke. Ich würde kein Bedenken tragen, die Frage im zuerst genannten Sinne zu beantworten, denn die Ausgabe der Vorzugsaktien dient der Beschaffung von Geldmitteln für die Ausgaben auf Anlagezuwachsrechnung und steht daher scheinbar auf einer Stufe mit der Ausgabe von Staatsschuldtiteln zum Zwecke der Mittelbeschaffung für Erweiterung der früheren preußisch-hessischen Staatseisenbahn. Ob das Reich oder Privatleute dabei die Besitzer der Aktien und die Bezieher der Dividende sind, scheint gleichgültig. Nun ist aber die erste Serie der Vorzugsaktien im Betrage von 500 Millionen dem Reiche unentgeltlich übergeben worden. Für diesen Teil der Vorzugsaktien scheint mir hinsichtlich der Dividende eine reine Staatseinnahme vorzuliegen, so daß die Grenze flüssig wird. Gar kein Zweifel existiert darüber, daß eine etwa auf die Stammaktien zu verteilende Dividende — sie ist bisher jedoch nicht verteilt worden — eine reine Staatseinnahme für das Reich darstellen würde, das ja das unveräußerliche Eigentum an diesen Aktien hat, und daß in diesem Falle eine zweifellos eisenbahnfremde Verwendung erfolgen würde.

Zu bemerken ist noch, daß für den Dienst der neuen Schuldverschreibungen und Anleihen kleine Beträge von wenigen Millionen in die Gewinn- und Verlustrechnungen der Reichsbahngesellschaft eingesetzt sind. —

Der Begriff des Reingewinnes, wie ihn die Gewinn- und Verlustrechnung der Gesellschaft anwendet, hat keine repräsentative Bedeutung. Man könnte mit derselben Berechtigung den Begriff des Reingewinnes bei der Reichsbahn anders definieren, indem man z. B. nur die für eisenbahnfremde Zwecke herausgehenden Summen, also die Reparationszahlungen, darunter verstände u. a. m. Unter Reingewinn versteht die Reichsbahn den Betrag, der sich ergibt, wenn man von dem von ihr offiziell ausgewiesenen Betriebsüberschuß noch die Beträge der Reparationszahlungen, den Dienst der neuen Schuldverschreibungen, sowie die Zuweisung zur gesetzlichen Ausgleichsrücklage und die Abschreibungen für Betriebsrecht abzieht. Der dann übrig bleibende Restbetrag, bestehend aus dem Vortrag des vergangenen Jahres und einem etwaigen Gewinn des laufenden Geschäftsjahres, wird zur Ausschüttung auf die Vorzugsaktien sowie zum Vortrag für das kommende Jahr verwendet.

Es folgen zwei in meinem Institut errechnete Tabellen, die für die Reichsbahn seit der Stabilisierung die nach analogen Grundsätzen wie oben für die Eisenbahn der Vorkriegszeit berechnete offizielle Rentabilität zeigen:

Anlagekapital und Betriebsüberschüsse der Deutschen Reichsbahn-Gesellschaft 1925—1929.

Geschäftsjahr	Anlagekapital	Betriebseinnahmen	Betriebsausgaben	Betriebsüberschuß	Betriebsüberschuß zum Anlagekapital %
		Millionen Reichsmark			
1. Okt. 1924 bis 31. 12. 25	26 000	5 668,68	4 849,91	818,763	3,149
1926	26 000	4 540,80	3 680,56	860,238	3,309
1927	26 000	5 039,269	4 158,76	880,505	3,385
1928	26 000	5 159,23	4 294,369	864,860	3,326
1929	26 000	5 353,83	4 493,496	860,337	3,310

Diese Statistik geht aus von der Passivseite der Bilanz. Das Anlagekapital setzt sich zusammen aus den Stammaktien von 13 Milliarden RM, den Reparationsschuldverschreibungen von 11 Milliarden RM, wobei die Tilgung unberücksichtigt blieb, da dieser Wert dem Reichsbahnvermögen wieder zuwächst, und den Vorzugsaktien der Reichsbahn und des Reiches, gleichgültig ob sie begeben sind oder nicht, im Betrag von 2 Milliarden RM.

Anlagekapital und Betriebsüberschüsse der Deutschen Reichsbahn-Gesellschaft 1925—1929.

Geschäftsjahr	Anlagekapital	Betriebseinnahmen	Betriebsausgaben	Betriebsüberschuß	Betriebsüberschuß zum Anlagekapital %
		Millionen Reichsmark			
1. Okt. 1924 bis 31. 12. 25	24 739	5668,68	4849,91	818,763	3,309
1926	25 146	4540,80	3680,56	860,238	3,420
1927	25 458	5039,269	4158,76	880,505	3,459
1928	25 631	5159,23	4294,37	864,860	3,374
1929	25 698	5353,83	4493,496	860,307	3,348

Diese Statistik geht aus vom Betriebsrecht am übernommenen Reichseisenbahnvermögen und am Anlagezuwachs.

c) Zur Kritik der Reichsbahnüberschüsse.

Der Betrag der Reparationszahlungen ist bekanntlich genau fixiert und deshalb in keiner Weise problematisch. Er bildet einfach eine Zahlung aus dem Überschuß der Reichsbahn (Überschuß im weiteren Sinne). Es liegt also nicht so, daß wie bei der früheren preußisch-hessischen Staatseisenbahn erst ausgerechnet werden muß, wie groß der in jedem Jahre für eisenbahnfremde Zwecke zur Verfügung gestellte, in seiner Höhe schwankende Betrag ist. Die Problematik geht vielmehr nach der anderen Seite. Sie ist in der Fragestellung enthalten: inwieweit ist trotz der Reparationszahlungen das deutsche Eisenbahnwesen intakt geblieben, und wie steht es mit seiner Weiterentwicklung? Inwieweit hat die Belastung mit Reparationszahlungen etwa die an sich erforderliche normale und ideale Substanzerhaltung der Bahn beeinträchtigt? Inwieweit die der Technik entsprechende Weiterentwicklung des Eisenbahnwesens? In welchem Umfange hat etwa die Betriebssicherheit gelitten? Und in welchem Maße hat die „Wirtschaft" in den Tariferhöhungen die Kosten tragen müssen?

Es ist eine ganz oberflächliche Auffassung, wenn selbst von deutscher Seite vielfach gesagt worden ist, die Finanzlage der Reichsbahn sei günstig gewesen, denn die Reichsbahn habe ja bisher stets ihre Reparationsleistungen glatt erledigen können und im übrigen „ihre Aufgaben erfüllt". Es genügt auch nicht, durch oberflächlichen Vergleich mit der Vorkriegszeit und dem Auslande darauf hinzuweisen, daß die Reparationsbelastung der Reichsbahn weniger drückend sei als die Belastung anderer Bahnen mit Zins- und Tilgungsquoten, denn die Bedingungen eines Vergleichs für Vorkriegszeit und Nachkriegszeit und für Inland und Ausland sind nicht ohne weiteres gegeben.

Mit allen diesen Fragen habe ich mich ausführlich in meiner Schrift „Die Finanzpolitik der Reichsbahn" auseinandergesetzt[34]. Hier sei nur folgendes hervorgehoben: die Reichsbahn hat, um genügende Summen für die Reparationsbelastung bereitstellen zu können, von vornherein die Aufgaben der Substanzerhaltung nicht im normalen Umfange erfüllt, sondern sich darauf beschränkt, die notwendigsten Arbeiten voranzustellen (insbesondere die Erhaltung des Oberbaues, die Erneuerung der Brücken und die Unterhaltung der Fahrzeuge) während

---

[34] Probleme des Geld- und Finanzwesens. Heft 11. Akadem. Verlagsgesellschaft, Leipzig 1930.

sie die Arbeiten an den übrigen Anlagen (Bahnhofsumbauten, Hochbauten, Bahnsteige, Lokomotivbehandlungsanlagen und Werkstätten usw.) zunächst zurückgestellt hat[35]. Wenn daher auch die Betriebssicherheit bei der Reichsbahn zur Zeit nicht geringer zu sein scheint als in anderen Ländern, so ist doch nicht zu verkennen, daß auf die Dauer dieses System der Zurückstellung weniger notwendiger Arbeiten dazu führen kann, daß schließlich auch an sich nötige Arbeiten zurückgestellt werden, und daß die Zahl und Menge der Rückstände immer größer und bedenklicher wird.

Gänzlich unbestritten ist, daß die Reichsbahn von Anfang an viel zu wenig Mittel für Neuanlagen, Verbesserungen, Meliorationen, Neuinvestitionen oder wie man diese Aufwendungen nennen will, gehabt hat. Die sogenannten Sachverständigen des Dawesgutachtens hatten erklärt, „das Kapitalkonto der Bahn könne ohne Schaden für dieselbe auf einige Jahre hinaus geschlossen werden". Das deutsche Eisenbahnwesen sei insbesondere auch im Vergleich zum Auslande derartig auf der Höhe, daß auf Jahre hinaus Neuanlagen überflüssig seien. Tatsächlich hat es mit der Mittelbeschaffung für Neuanlagen höchst traurig ausgesehen. Die hierfür bestimmten Vorzugsaktien konnten insbesondere infolge der ungünstigen Lage des Geld- und Kapitalmarktes nicht glatt untergebracht werden, ja im Jahre 1930 war von dem Zwei-Milliarden-Betrage erst etwas mehr als die Hälfte (nämlich 1106 Millionen) untergebracht. Im übrigen mußte die Bahn sich Darlehen seitens des Reiches, der Länder und Gemeinden verschaffen und mußte schließlich einen Teil der notwendigen Neuanlagen aus Rückstellungen, einen anderen Teil aus Betriebsüberschüssen, d. h. aus laufenden Einnahmen finanzieren, ein Weg, der selbstverständlich im Grunde nur auf Kosten der an sich schon unzureichenden Substanzerhaltung begangen wurde.

Es erscheint also sicher, daß durch die Reparationsbelastung die Reichsbahn in die Gefahr gekommen ist, die Aufgaben der Substanzerhaltung und Substanzverbesserung in einer Weise vernachlässigen zu müssen, die auf die Dauer sehr bedenklich werden kann. Ich habe schon öfter ausgesprochen, daß unter diesen Umständen die mehrfach erfolgten sowie die vielleicht noch ins Aussicht stehenden Tariferhöhungen der Bahn etwas anders beurteilt werden müssen, als es

---

[35] Vgl. den Aufsatz des Reichsbahndirektors Röbe in „Verkehrstechnische Woche". 1929. S. 601 ff.

Reinerträge u. Zuschußbedarf d. öffentlichen Unternehmungstätigkeit. 33

seitens der Kreise der „Wirtschaft" in der Regel geschieht. Die Sachlage ist im Grunde eine sehr einfache: die Reparationslast ist fixiert, und eine Revision der jüngst erfolgten Neuregelung ist für die nächste Zeit nicht zu erwarten. An den Ausgaben für Substanzerhaltung und Substanzvermehrung kann auf die Dauer nicht gespart werden, wenn nicht die Betriebssicherheit leiden, und wenn die Bahn auf der Höhe der Technik bleiben soll. Der einzig bewegliche Faktor ist dann aber — die Tarifpolitik.

Hierzu kommt noch ein weiteres. Wie ich in meinem oben zitierten Buche ausführlich dargelegt habe, ist die Frage außerordentlich bestritten, welches die richtige Quote für die Substanzerhaltung, oder wenn man es so nennen will die Abschreibungen in natura, die die Bahn macht, sein müsse: d. h. welche Aufwendungen für Erhaltung und Erneuerung die Bahn in jedem Jahre machen müsse, um ihr Eisenbahnwesen dauernd intakt und sogar einigermaßen auf der Höhe der fortschreitenden Technik zu halten. Es ist unmöglich, darüber eine objektiv gültige, alleinrichtige Ziffer oder Norm aufzustellen, zumal man über die Möglichkeiten der technischen Entwicklung wie der wirtschaftlichen Umwälzungen der Zukunft nichts Bestimmtes weiß.

Es wird daher immer zwei Richtungen geben. Die Bahn selbst wird immer danach streben, möglichst große Reserven zu sammeln, um gegen alle Überraschungen in Technik und Wirtschaft gesichert zu sein; die Kreise der Wirtschaft dagegen, die Benutzer der Bahn, insbesondere die Betriebe in Landwirtschaft, Industrie und Handel, werden umgekehrt aus wirtschaftlichem Eigeninteresse heraus stets darauf drängen, daß die Bahn erst alle ihre Reserven verbraucht, bevor Tariferhöhungen stattfinden, da sie die Sache gewöhnlich nur vom Standpunkte ihres Eigeninteresses sehen und jede Tariferhöhung als neue Belastung empfinden.

In diesem Widerstreit wird der vorurteilslose Beobachter geneigt sein, eher für die Bahn als für die Wirtschaft Partei zu ergreifen, weil bei der Unberechenbarkeit der Zukunft und ihrer technischen und wirtschaftlichen Möglichkeiten es vom Standpunkt einer soliden und vorsichtigen Finanzpolitik aus unbedingt geboten erscheint, der Bahn einen gewissen Spielraum zu lassen und ihr Reserven zu gewähren.

Endlich ist schon oben darauf hingewiesen worden, daß bei Heranziehung der Reichsbahn für die Reparationsleistungen die Möglichkeit einer Belastung der Bahn mit der Aufwertung des vom Reiche zu zahlenden Restkaufgeldes usw. gänzlich außer acht gelassen worden ist, zweifellos eine Unterlassung der Sachverständigen, die sich schwer rächen kann.

Es folgt aus alledem, daß, wenn heute die Bahn ihren Reparationsverpflichtungen genügt und sie ihre übrigen Aufgaben pro forma und wie es auf den ersten Blick scheint, in genügendem Umfange löst, sich bei näherer Betrachtung doch zeigt, daß Lücken und Mängel im System vorhanden sind, die auf die Dauer immer fühlbarer auftreten dürften — denn — das ist die bei unserem Thema am meisten interessierende Zuspitzung: die zwangsweise für Reparationszwecke von der Bahn geforderten und auch bisher geleisteten Summen zuzüglich der offiziell als Reinüberschüsse geltenden weiteren Beträge stellen im letzten Grunde nicht schlechthin Reinerträge im engsten Sinne dar, vergleichbar den für eisenbahnfremde Zwecke abgegebenen Reinüberschüssen der preußisch-hessischen Eisenbahnverwaltung der Vorkriegszeit, sondern bei strenger und solider Wirtschaftsführung und Finanzpolitik würden die Reinerträge der Reichsbahn geringer erscheinen.

3. Die Deutsche Reichspost[35a].

Die hohe Wichtigkeit der Deutschen Reichspost, die nach der Reichsbahn das größte Verkehrsunternehmen Deutschlands ist, erkennen wir aus der Tatsache, daß sie nach der Bilanz[36] für den 31. März 1930 über ein Sondervermögen von rund 2,4 Milliarden verfügt, und daß die Bilanz in ihrem Endergebnis mit einer Summe von rund 3,2 Milliarden abschließt.

Auch die finanzielle Bedeutung für das Deutsche Reich ist aus diesen Zahlen ohne weiteres ersichtlich, soweit die Deutsche Reichspost als Bestandteil des Reichsvermögens gewertet wird. Anders verhält es sich jedoch mit der Frage, inwieweit dieses Vermögen auch für den Reichshaushalt Reinüberschüsse abwirft, wobei wir darunter entsprechend der bei den Eisenbahnen vorgenommenen Abgrenzung die Beträge verstehen, die das betreffende Unternehmen über die Erhaltung seines Betriebes hinaus der allgemeinen Reichsverwaltung für

---

[35a] Bei der Abfassung dieses Abschnittes hat mich Dr. Reinhard Oehler unterstützt.

[36] Deutsche Reichspost, Geschäftsbericht für das Rechnungsjahr 1929. Berlin 1929. S. 103—106.

ihre Aufgaben zur Verfügung gestellt hat. Diese von Oehler[37] als finanzwirtschaftlich bezeichnete Rentabilität festzustellen, begegnet wie bei der Reichsbahn so auch hinsichtlich der Deutschen Reichspost großen Schwierigkeiten. Die offiziellen Etatszahlen der Vorkriegsjahre und die der Nachkriegsjahre bis zum Erlaß des Reichspostfinanzgesetzes vom 18. März 1924[38] enthalten noch eine ganze Reihe Posten, die bei genauer Feststellung der finanzwirtschaftlichen Rentabilität abgezogen werden müssen, während andere Posten noch hinzuzusetzen sind.

Dagegen sind die Gewinn- und Verlustrechnungen, die seit dem Postfinanzgesetz jährlich aufgestellt werden müssen, nach privatwirtschaftlichen Gesichtspunkten angeordnet und können aus diesem Grunde im Rahmen der hier vorliegenden Fragestellung ebenfalls nur als Ausgangspunkt weiterer Berechnungen dienen.

Wie wir aus den weiteren Ausführungen erkennen werden, läßt sich auch das von mir für die preußisch-hessischen Staatsbahnen aufgestellte Schema einer finanzwirtschaftlichen Rentabilitätsberechnung nicht ohne weiteres auf die Deutsche Reichspost übertragen, da die verfassungsrechtliche Stellung beider Institute eine verschiedene war. Die Eisenbahnen waren mit Ausnahme der Reichslande Elsaß-Lothringen der selbständigen Verwaltung der Bundesstaaten überlassen. Das Reich übte nur eine gewisse Aufsichtsbefugnis aus. Bei der Deutschen Reichspost hingegen lag schon vor dem Kriege das Hauptgewicht der Verwaltung bei der Reichspost, die Postverwaltungen Bayerns und Württembergs waren in den wichtigsten Entscheidungen[39] von ihr abhängig. Demgemäß war auch die Eingliederung beider Verkehrsunternehmen in den Haushalt eine andere. Wir müssen also selbständig alle die Fragen erörtern, die zwecks Feststellung der finanzwirtschaftlichen Rentabilität der Deutschen Reichspost gelöst werden müssen und haben die Posten herauszustellen, die bei einer zahlenmäßigen Durchführung dieser Frage beachtet werden müssen.

Die Einnahmen und Ausgaben der Deutschen Reichspost wurden bis zur Reichsfinanzreform 1919/20 in den allgemeinen Reichshaus-

---

[37] Reinhard Oehler, Finanzen und Rentabilität der Deutschen Reichspost 1900—1927. Leipzig 1929. S. 90.

[38] Reichsgesetzblatt 1924, S. 287.

[39] Oehler, a. a. O. S. 1.

halt mit ihren Gesamtsummen eingestellt und durch sogenannte Sonderhaushalte nach Ursprung und Verwendung gegliedert dargestellt. Die für den allgemeinen Haushalt geltenden Bestimmungen über fortlaufende und einmalige Ausgaben fanden auch hier Anwendung[40]. Zur Berechnung des im laufenden Jahre erzielten Überschusses (im Sinne der Verwaltung) wurden zunächst nur die Einnahmen um die fortlaufenden Ausgaben vermindert; von 1905 bis 1907 wurden auch die einmaligen Ausgaben zahlenmäßig berücksichtigt. Später wurde auf sie nur im Text hingewiesen, so daß der alsdann errechnete Überschuß der Verwaltung wieder nur ein Saldo zwischen Einnahmen und fortdauernden Ausgaben war. So erschien denn in den meisten Jahren zunächst die Berücksichtigung auch der einmaligen Ausgaben bei Feststellung des Reinüberschusses (im strengsten Sinne) notwendig.

Darüber hinaus müssen wir jedoch beachten, daß die enge Verflechtung von Post- und Reichshaushalt in diesen Jahren dazu geführt hat, bei der Einordnung mancher Einnahmen und Ausgaben nicht die vom finanzwissenschaftlichen Standpunkt aus erforderliche scharfe Trennung zwischen beiden Haushalten zu beachten. So hat man die Einnahmen aus der Prüfung von Rechnungen in einem Titel nachgewiesen; der auf die Post entfallende Anteil ist nur in einer Anlage[41] aufgeführt, muß aber für unsere finanzwirtschaftliche Rentabilitätsberechnung den im Posthaushalt stehenden Einnahmen zugerechnet werden.

Weit mehr Posten, die unberechtigterweise in andere Haushalte eingesetzt sind, finden wir unter den Ausgaben. Abgesehen von den nur im Anschlag fehlenden Besoldungsausgaben der R.J. 1907 und 1908 sind vor allem in der Inflationszeit (1918 bis 1923) eine große Anzahl Beträge außerhalb des Posthaushaltes verrechnet worden. So wurden 1918 rund 0,9 Millionen und 1919 1,1 Millionen von den Postausgaben abgezogen und unter Kapitel XIII o. H. „allgemeine Finanzverwaltung" verwiesen, obwohl es Unterstützungen an Beamte im Ruhestand waren[42].

Unter den einmaligen Ausgaben der „allgemeinen Finanzverwaltung" werden Kriegsteuerungszulagen zugunsten der Postbeamten

---

[40] Dehler, a. a. O. S. 7.
[41] Dehler, a. a. O. S. 35.
[42] Dehler, a. a. O. S. 50.

ausgegeben, die als mittelbare Kriegskosten von dem Unternehmen selbst, also der Deutschen Reichspost, zu tragen sind, während die eigentlichen Kriegskosten unter „allgemeiner Finanzverwaltung" Kapitel X „Ausgaben der Deutschen Reichspost und Telegraphenverwaltung aus Anlaß des Krieges" richtig gleich den Fluchtkostenentschädigungen[43] im Etat abgesetzt worden sind. Diese Ausgaben haben mit dem Wirtschaftsunternehmen der Deutschen Reichspost nichts zu tun. Sie sind auch an Privatunternehmungen aus Reichsmitteln erstattet worden.

Größeren Schwierigkeiten begegnet es, die sächlichen und gemischten Ausgaben außerhalb des eigenen Postetats ihrer Höhe nach genau festzustellen. Es werden da im Etat des Reichsamtes des Inneren Beträge „zur Einrichtung und Unterhaltung regelmäßiger deutscher Postdampferlinien mit Ostasien und Australien bzw. mit Afrika" ausgegeben, deren Nutzen zweifellos der Post in hohem Maße zugute kommt. Nach den Bestimmungen haben jedoch die Dampfer zugunsten anderer Reichsbehörden Fahrpreisermäßigungen[44] zu gewähren, und außerdem verfolgt man mit dieser Einrichtung allgemeine wirtschaftspolitische Zwecke, so daß es nicht angängig ist, der Post etwa den vollen Subventionsbetrag anzurechnen. Eine genaue Aufteilung auf die einzelnen Reichsbehörden ist freilich wegen Fehlens der entsprechenden Unterlagen nicht möglich, weshalb wir bei der Rentabilitätsberechnung diesen Posten nicht erfassen können.

Eine weitere Ungenauigkeit müssen wir bei Berechnung der Zahlen in Kauf nehmen. Die selbständigen Postverwaltungen von Bayern und Württemberg waren verpflichtet, einen bestimmten Betrag zu den Kosten der Zentralverwaltung der Deutschen Reichspost beizutragen, da diese die allen Postverwaltungen gemeinsamen Angelegenheiten zu besorgen hatte. Die Höhe dieses Beitrages ist freilich unabhängig von der Höhe der tatsächlichen Selbstkosten der Deutschen Reichspost; er wird vielmehr, wie aus den Etatszahlen zu ersehen ist, jeweils für mehrere Jahre festgesetzt. Deshalb empfiehlt es sich nicht, ihn bei Berechnung der Ergebnisse einzusetzen.

---

[43] Vgl. „Allgemeine Finanzverwaltung IX G" Reichshaushaltsrechnung 1919. Berlin 1919. S. 336.

[44] Dehler, a. a. O. S. 52.

Wir wenden uns nunmehr den Posten zu, die mit der Verschuldung der Deutschen Reichspost zusammenhängen. Gemäß der engen Anlehnung der Deutschen Reichspost an die allgemeine Finanzverwaltung war es in den Jahren bis 1920 üblich, den Anleihebedarf der Post durch allgemeine Reichsanleihen zu decken. Erst für die 1908 und später aufgenommenen Beträge wurde sofort eine Tilgung in Aussicht genommen und durch die Post selbst durchgeführt, so daß wir von diesem Jahre ab jeweils Tilgungsraten im Posthaushalt finden.

Die Tilgung der vor dem R.J. 1908 aufgenommenen Anleihen wurde erst im R.J. 1911 begonnen und war Aufgabe der allgemeinen Reichsverwaltung; die Beträge sind also in den Etatszahlen des Posthaushaltes noch nicht enthalten und müssen darum aus dem Haushalte der Reichsschuld entnommen und den Ausgaben der Deutschen Reichspost zugerechnet werden.

Das gleiche gilt auch für die Zinsen auf die vor 1908 aufgenommenen Anleihen. Freilich ist der im Haushalte der Reichsschuld als zugunsten der Finanzgemeinschaft mit Ausschluß von Bayern und Württemberg angesetzte Betrag noch um den unter den Einnahmen des gleichen Haushaltes nachgewiesenen „Beitrag der Deutschen Reichspost zur Verzinsung der Reichsschuld" zu kürzen, da von dem gesamten Zinsbetrag für Postanleihen dieser Teil von der Post selbst getragen wird. Es handelt sich dabei um die Anleiheverzinsung der nach 1908 vom Reich der Deutschen Reichspost zur Verfügung gestellten Beträge.

Außer jenen für spezielle Postzwecke aufgenommenen Geldern sind vom R.J. 1902 ab noch Anleihen „Zur Förderung der Herstellung geeigneter Kleinwohnungen für Arbeiter und gering besoldete Beamte in den Betrieben und Verwaltungen des Reiches" bereitgestellt worden. Hiervon wurden beträchtliche Summen als Darlehen zugunsten von Postbeamten verwandt, ohne daß die Post selbst zur Tilgung und Verzinsung der Kapitalien herangezogen wurde. Zunächst fand allerdings nur eine Tilgung durch die Darlehensnehmer statt, so daß auch der Reichshaushalt nicht belastet wurde. Vom Jahre 1911 ab aber setzt eine verstärkte Tilgung durch das Reich ein, deren Beträge wir der Post anrechnen müssen. Zahlenmäßig sind sie freilich in den oben erwähnten Tilgungssummen zugunsten der Ausschlußgemeinschaft enthalten, da diese auf Grund der alljährlich in den Drucksachen des Reichstages und der Nationalversammlung erscheinenden Anleihedenk=

schriften berechnet werden, die sämtliche zugunsten der Post aufgenommenen Anleihen aufführen. Es werden dabei nur die Beträge abgesetzt, die der eigenen Tilgung durch die Post unterliegen. Freilich müssen jetzt die von den Darlehensnehmern eingenommenen Tilgungsraten von jener Summe abgezogen werden, da nur der Differenzbetrag den Reichsetat tatsächlich belastet und somit auch nur er der Post angerechnet werden darf. Die im Haushalt „Reichsschuld" ausgegebenen Tilgungsbeträge zugunsten der Ausschlußgemeinschaft abzüglich der Einnahmen an Tilgungsraten von den Darlehnsnehmern des Kleinwohnungsfonds ergeben also dann den gesamten Tilgungsaufwand des Reiches zugunsten der Deutschen Reichspost.

Hinsichtlich der Verzinsung dieser Darlehenssummen gilt es wiederum, die Einnahmen von seiten der Darlehensnehmer außer den bereits oben erwähnten Einnahmen an Zinsraten von seiten der Deutschen Reichspost für die nach 1908 aufgenommenen Anleihen von der Gesamtausgabe an Zinsen zugunsten der Ausschlußgemeinschaft im Haushalte „Reichsschuld" abzusetzen, um so den durch das Reich selbst aufgebrachten Zins für unsere Rentabilitätsberechnung festzustellen.

Bei der endgültigen Berechnung der Reinüberschüsse im strengen Sinne, die uns die finanzwirtschaftliche Rentabilität eines Staatsunternehmens angeben, kann man auch hinsichtlich der Deutschen Reichspost den von mir für die preußisch-hessischen Eisenbahnen gegebenen Richtlinien[45] zunächst folgen.

Wie aus dem oben Ausgeführten hervorgeht, sind die vom Reiche zugunsten der Deutschen Reichspost aufgewendeten Anleihegelder genau festzustellen. Ihre Verzinsung und Tilgung läßt sich daher, soweit sie nicht bereits im Postetat selbst angesetzt ist, auch exakt berechnen.

Ein Dispositionsfonds hat für die Post nicht bestanden.

Ebenso werden die Pensionszahlungen bereits aus dem ordentlichen Haushalt (Titel 40) des Posthaushaltes bestritten; an anderer Stelle sind keine Summen eingestellt, wie sich aus der Erläuterung zur „Zivilverwaltung"[46] des Reichsetats ergibt.

---

[45] Probleme der Finanzwissenschaft. S. 83 u. a.

[46] Haushalt des Deutschen Reichs, Entwurf; Erläuterungen zu „allgemeiner Pensionsfonds", fortd. Ausgaben 1900/05 Kap. 76, Tit. 1; 1906 bis 1911 Kap. 77, Tit. 1; 1912/19 Kap. 79, Tit. 1; 1920 Abschn. 12, Kap. 1.

Hinsichtlich des außerordentlichen Haushaltes der Deutschen Reichspost zeigen die von Oehler angestellten Berechnungen[47], daß ihre Reinüberschüsse zur Deckung des Extraordinariums in den zur Betrachtung stehenden Jahren 1900 bis 1923 nicht herangezogen worden sind.

Jedoch müssen wir über die oben angeführten Posten hinaus noch die bereits erwähnten Einnahmen aus der Prüfung von Rechnungen sowie die Besoldungsausgaben für Postbeamte aus anderen Etats in unsere finanzwirtschaftliche Rentabilitätsberechnung einbeziehen.

Hat nun unsere Berechnung die absolute Höhe der Reinüberschüsse nach exakter Methode ergeben, so wird es sich in diesem Zusammenhang weiterhin notwendig machen, auch ihr Verhältnis zu den Zahlen des Reichshaushaltes zu berechnen. Es ergibt sich alsdann ein Einblick, welche Wichtigkeit sie für die Gestaltung der Steuern haben, indem sie ja ihrerseits zur Deckung von allgemeinen Reichsausgaben beitragen und damit einen bestimmten Teil des Steueraufkommens ersetzen.

Freilich müssen wir hierzu die Endzahlen des Reichshaushaltes um die Überschüsse oder Fehlbeträge vorhergehender Jahre kürzen, da diese ja streng genommen zu jenen Jahren gehören. Außerdem sind die errechneten Postausgaben sowie die Ausgaben der anderen Erwerbsbetriebe des Reiches abzusetzen. Ihre Ausgaben sind die Grundlage, Einnahmen durch die Bereitstellung der dafür erlangten Sachgüter oder Dienstleistungen zu gewinnen, während die übrigen Ausgaben des Reiches entweder endgültige Erfüllung von Staatsaufgaben bringen oder nur Erhebungsaufwand darstellen; der finanzwirtschaftliche Charakter dieser Gruppen ist also wesentlich verschieden. Fernerhin müssen wir die Überweisungen an die Bundesstaaten von den Ausgaben abziehen; es handelt sich hier nur um Durchgangsposten.

Daß trotzdem noch die gefundenen Beträge Summen enthalten, die besser auszuscheiden wären, ist zuzugeben; es sind da vor allem die Doppelzählungen zu nennen. Jedoch lassen sie sich ohne eingehende Vorarbeiten nicht feststellen; die Hauptzahl der Doppelzählungen ist wohl zugleich mit den Beträgen der Erwerbsbetriebe ausgesondert worden.

Wesentlich einfacher liegen die Verhältnisse für die Jahre nach Er-

---

[47] Oehler, a. a. O. S. 91.

laß des Reichspostfinanzgesetzes vom 18. März 1924[48], da durch die Trennung der Deutschen Reichspost von den Reichsbehörden nun der an das Reich abgeführte Betrag aus der Verlust- und Gewinnrechnung deutlich zu ersehen ist. Die Übernahme irgendwelcher Ausgaben, abgesehen vom Gehalt des Reichspostministers, ist nicht mehr gestattet. Durch eine Gegenüberstellung dieser beiden Posten ist die Überschußberechnung also durchgeführt.

Haben wir uns bisher nur damit beschäftigt, welche Zahlen im Posthaushalt fehlen und daher bei der finanzwirtschaftlichen Rentabilitätsberechnung noch eingesetzt werden müssen, so sei jetzt noch auf einige Tatsachen aufmerksam gemacht, die zahlenmäßig zwar nicht erfaßt werden können, jedoch immerhin bei Wertung der Ergebnisse im Auge behalten werden müssen, um deren richtiges Maß zu erkennen. An erster Stelle sei der Postzwang erwähnt. Das Gesetz über das Postwesen des Deutschen Reiches vom 28. Oktober 1871[49] bestimmt, daß die Beförderung einer ganzen Reihe von Sendungen für den Privatbetrieb ausgeschlossen ist. Ebenso hat nach dem Gesetz über das Telegraphenwesen[50] des Deutschen Reiches vom 6. April 1892 nur das Reich die Möglichkeit, Telegraphen- und Fernsprechanlagen zu schaffen. Der Wegfall jeglicher Konkurrenz auf diesen Gebieten ist für die Finanzgestaltung der Deutschen Reichspost wesentlich, wenn auch die damit gemachten Ersparnisse rechnungsmäßig nicht nachgewiesen werden können.

Weiterhin hat die Deutsche Reichspost es übernommen, für andere Reichsbehörden eine Anzahl Aufgaben durchzuführen, so z. B. den Vertrieb der Wechselstempelmarken, die Unterhaltung der Zeitballstationen[51] usw. Hierfür werden ihr nur die Selbstkosten in einem Pauschsatz vergütet, so daß die Post hinsichtlich dieser Beträge auf Gewinn verzichtet.

Bei einer Anzahl ihr eigentümlicher Geschäftszweige geht die Deutsche Reichspost sogar so weit, einen Verlust zuzulassen, da sie ihnen eine hinreichend große volkswirtschaftliche Bedeutung beimißt,

---

[48] Reichsgesetzblatt 1924, S. 287.
[49] Reichsgesetzblatt 1871, S. 347, § 1.
[50] Reichsgesetzblatt 1892, S. 417.
[51] Dehler, a. a. O. S. 41—42.

um dies verantworten zu können. Dies gilt für den Zeitungsvertrieb und die Telegraphie[52], für die nach dem Geschäftsbericht der Deutschen Reichspost für das Wirtschaftsjahr 1924[53] und 1925[54] auch unter dem Reichspostfinanzgesetz noch kein Gewinn zu erzielen war.

Hingegen sind die Gebührenfreiheiten bereits im Jahre 1920 aufgehoben worden, so daß sie nur für das Ergebnis der vorhergehenden Jahre in Betracht gezogen werden müssen. Immerhin schätzt Ullrich[55] die durch diese Portofreiheiten für die Deutsche Reichspost wegfallenden Einnahmen für das R.J. 1906 auf 23,9 Millionen M.

Wie bei den Einnahmen haben wir auch hinsichtlich der Ausgaben mit weiteren summenmäßig gar nicht erfaßbaren Größen zu rechnen, die bei Wertung der Reinüberschüsse stets im Auge behalten werden müssen. Da sei zunächst die Steuerfreiheit der Deutschen Reichspost erwähnt; sie bedeutet für das Reich nichts, denn der gesamte Überschuß der Deutschen Reichspost wird, nachdem nun die gesetzliche Rücklage von 100 Millionen gebildet ist, an die allgemeine Finanzverwaltung abgeführt. Wir müssen aber bedenken, daß die Steuer dem Reiche auch dann zustehen würde, wenn die Post ein Privatunternehmen wäre; der an die Reichskasse abgeführte Barbetrag wäre also um die entsprechende Summe zu kürzen, bzw. ein ausgewiesener Verlust in gleicher Weise zu erhöhen, um den Einfluß der Steuerersparnis auf die Barablieferung auszuschalten. Ebenso ist diese Tatsache bei zwischenstaatlichen Vergleichen der Postergebnisse wichtig, da in anderen Ländern eine völlig abweichende Regelung vorliegt.

Fernerhin genoß die Post früher bei der Reichsbahn das Vorrecht[56]: „Mit jedem für den regelmäßigen Beförderungsdienst der Bahn bestimmten Zug ist auf Verlangen der Postverwaltung ein von dieser gestellter Postwagen unentgeltlich zu befördern"[57]. Dieser Zustand ist

---

[52] Oehler, a. a. O. S. 47—48.

[53] Geschäftsbericht der Deutschen Reichspost für das Wirtschaftsjahr 1924, S. 18.

[54] Geschäftsbericht der Deutschen Reichspost für das Wirtschaftsjahr 1925, S. 29.

[55] P. Ullrich, Die Postfinanzen. Münster 1908. S. 59.

[56] Oehler, a. a. O. S. 74.

[57] Vgl. Eisenbahnpostgesetz. RGBl. 1875. S. 318/22.

mit Inkrafttreten des Reichspostfinanzgesetzes aufgehoben, und die Post ist jetzt gehalten, die Leistungen der Reichsbahn zu Selbstkostensätzen zu vergüten.

Zusammenfassend läßt sich feststellen:

Zum Zwecke der Feststellung der Reinüberschüsse nach der in der Arbeit dargelegten strengen Auffassung macht sich bei der Deutschen Reichspost die Beachtung folgender, im Posthaushalt nicht regelmäßig erscheinender Beträge notwendig:

Auf der Einnahmeseite:

Die Einnahmen aus der Prüfung von Rechnungen.

Auf der Ausgabeseite:

a) Die Besoldungsausgaben, die im Jahre 1907 und 1908 getrennt veranschlagt und erst in der Rechnung den einmaligen Postausgaben zugesetzt wurden; in den Jahren 1918 und 1919 werden solche Posten von den Endsummen abgesetzt und auf die allgemeine Finanzverwaltung übernommen, wo auch noch andere Beträge für Besoldung von Postbeamten angesetzt werden.

b) Sächliche Ausgaben: Die Subventionen für Postdampferlinien. Der Postanteil ist nicht klar ersichtlich, weshalb eine tabellarische Erfassung unterbleiben müßte.

Der Beitrag Bayerns und Württembergs zu den Kosten der Hauptverwaltung. Im Gegensatz zu den bisherigen Ausgaben wäre dieser von den Gesamtsummen abzusetzen. Wegen der ungenauen Berechnungsmethode ist dies jedoch zahlenmäßig nicht zu empfehlen.

c) Ausgaben für Tilgung und Verzinsung von Anleihen. Es handelt sich um die vor 1908 für spezielle Postzwecke aufgenommenen Beträge und um die Postanteile am Kleinwohnungsfonds. Zwecks Errechnung des aus Staatsmitteln aufgebrachten Teiles sind von den im Haushalt der Reichsschuld angesetzten Tilgungsraten die Einnahmen an Tilgungsquoten von seiten der Darlehnsnehmer des Kleinwohnungsfonds und von den Zinsraten sowohl der Beitrag der Deutschen Reichspost zur Verzinsung der Reichsschuld (ab 1908) wie die entsprechenden Einnahmen für den Kleinwohnungsfonds abzusetzen.

Ferner muß bei Vergleich von Vor- und Nachkriegszeit die Veränderung der Finanzverhältnisse durch Wegfall der Gebührenfreiheiten und der kostenlosen Eisenbahnleistungen berücksichtigt werden.

Die Reinüberschüsse der Deutschen Reichspost 1900—25.

Jahr	Nach der Haushaltrechnung M	Nach Oehlers Berechnung M	Unterschied M
1900	11 782 100	9 111 600	2 670 600
1901	20 251 200	17 504 100	2 747 100
1902	42 466 800	39 788 400	2 678 400
1903	51 985 200	48 316 000	3 669 200
1904	53 922 900	49 612 800	4 310 100
1905	59 465 400	53 757 200	5 708 300
1906	59 403 300	52 403 200	7 000 100
1907	55 737 100 [58] (37 224 700)	28 765 900 [58]	26 971 300 [58] (8 458 800)
1908	66 556 600 [58] [59] (12 802 000)	2 719 300 [58] [59]	63 837 300 [58] [59] (10 082 700)
1909	38 214 700 [59]	28 746 800 [59]	9 467 900
1910	72 195 700	63 313 500	8 882 200
1911	90 812 400	79 469 900	11 342 500
1912	93 623 200	82 385 500	11 237 800
1913	89 692 200	78 838 400	10 853 900
1918[60]	—222 252 500	—646 433 700	—424 181 100
1919	+ 41 270 700	—370 804 800	—412 075 500
1920	—240 465 000	—242 474 900	— 2 009 900
1921	—141 581 000	—142 430 300	— 849 300

Jahr	Nach der Buchführung der Deutschen Reichspost RM	Nach streng kameralistischer Buchführung RM	Unterschied RM
1924	426 946 300	a) 198 499 435 [61] b) 200 429 905	a) 228 476 865 b) 226 516 335
1925	185 363 700	a) —36 024 837 [61] b) —36 013 127	a) 221 388 537 b) 221 376 827

[58] Die in Klammern beigefügten Zahlen geben die Überschüsse an, die wir finden, wenn wir die erst in der Rechnung den einmaligen Ausgaben der Deutschen Reichspost beigefügten einmaligen Beihilfen und Nachzahlungen dem Ergebnis laut Haushaltsrechnung mit zugrunde legen.

[59] Zwecks genauer zeitanteiliger Gewinnberechnung wurden die im R.J. 1909 verrechneten Nachzahlungen für 1908 bereits den Ausgaben dieses Jahres zugesetzt.

[60] Die Inflationssummen wurden über Dollarparität auf Goldmark umgerechnet.

[61] Die in den Jahren 1924/25 unter a) angesetzten Zahlen zeigen die errechneten Überschüsse, ohne daß Summen als auf Anleihe genommen abgesetzt wurden, während dies bei der zweiten Zahl geschehen ist.

In den entsprechenden Gesamtsummen des ordentlichen Reichshaushaltes sind enthalten:

Jahr	Post-einnahmen %	Fortdauernde Ausgaben der D.R.P. %	Einmalige Ausgaben der D.R.P. %	Gesamt-ausgaben der D.R.P. %	Der durch d. errechneten Reinüberschuß der D.R.P. zu deckende Teil d. Reichsausg. des O.H. %
1900	19,45	20,42	6,87	19,10	0,873
1901	19,62	19,50	8,92	18,43	1,564
1902	20,45	19,39	6,81	18,35	3,516
1903	20,70	19,93	5,03	18,39	4,103
1904	26,02	24,68	7,54	23,16	4,235
1905	25,71	25,62	6,58	23,58	4,318
1906	26,74	25,81	6,12	23,64	3,901
1907	25,77	25,68	10,31	23,47	1,875
1908	28,30	26,29	10,26	24,03	0,177
1909	25,37	28,68	11,04	25,65	1,683
1910	25,19	26,13	4,27	23,21	3,477
1911	25,67	27,69	6,95	25,20	4,602
1912	28,04	30,12	5,48	26,24	4,402
1913	24,72	29,56	3,17	22,17	3,141

Der durch die Barablieferung der Deutschen Reichspost zu deckende Teil der Reichsausgaben des ordentlichen Haushaltes in den Jahren 1924 bis 1927:

1924	—
1925	0,263 %
1926	1,319 %
1927	1,169 %

4. Die Deutsche Reichsbank von 1876 bis 1919.

Die Deutsche Reichsbank, deren Organisation bekanntlich mehrfach geändert worden ist, hat von jeher eine eigenartige, komplizierte Struktur gehabt. Sie war weder ein Privatunternehmen schlechthin, weder eine gewöhnliche Aktiengesellschaft, noch eine reine Staatsbank, sondern ein „gemischtes Unternehmen". Während ihr Grundkapital und ihre Reserven aus privaten Mitteln aufgebracht waren, stand die Reichsbank des alten Regimes stark unter dem Einfluß des Reiches, das nicht nur die Aufsicht, sondern auch die Leitung der Bank in der Hand hatte. Seit dem Autonomiegesetz von 1922 ist die Bank dem Einfluß des Reiches bzw. Staates entzogen und einem autonomen Direktorium unterstellt.

Diese komplizierte Struktur der Bank, die weder ein reines Privat= unternehmen, noch eine reine Staatsanstalt war, entsprach der Kom= pliziertheit der Zwecke, die es nicht gestattet, ihr Finanzprinzip auf eine einfache Formel zu bringen: ihre unbestrittenen Hauptzwecke waren und sind der Schutz der Währung, insbesondere die Regelung der Zir= kulation, weiter die Kreditgewährung an die Wirtschaft (auf dem Wege der Wechseldiskontierung und der Lombardierung und Notenausgabe) sowie die der Reichsbank auferlegten Leistungen im staatlichen Kassen= wesen; erst in zweiter Linie steht das Streben nach Überschüssen.

Die Gewinne der Reichsbank hatten von jeher dreierlei Ver= wendungszwecke: zu einem relativ geringen Teile fließen sie dem Re= servefonds zu, zum Teil den Anteilseignern, zum Teil dem Reiche.

Soweit die Gewinne der Bank an die Reichskasse abgeführt werden, sind sie übrigens nicht Erwerbseinnahmen, sondern steuerartige Ab= gaben: Jedenfalls sind sie nicht Einnahmen aus dem Gewinn eines öffentlichen Unternehmens wie z. B. der Post, also nicht Erwerbs= einnahmen, sondern sie entstammen einem Unternehmen, das trotz jener gemeinwirtschaftlichen Zwecksetzungen (Schutz der Währung usw.) mit privatem Kapital arbeitet und dessen Leitung dem Einfluß des Staates entzogen ist! Es könnte daher fraglich sein, ob die Rein= überschüsse der Reichsbank überhaupt hier, wo es sich um die Erwerbs= tätigkeit öffentlicher Unternehmungen handelt, untersucht werden dürfen. Immerhin ist namentlich die Feststellung, welche Bedeutung die Reichsbanküberschüsse für den Reichshaushalt gehabt haben, einen wie großen Teil der Reichsausgaben sie gedeckt haben, von großem Interesse, und die Untersuchung der Frage dürfte daher auch in diesem Zusammenhang von Bedeutung sein, sofern man sich nur darüber klar bleibt, daß eben die Reichsbank sich durch jene komplizierte Struk= tur von einer öffentlichen Unternehmung schlechthin unterscheidet.

Wie war und wie ist die Verteilung des Gewinnes zwischen den drei in Frage stehenden Stellen?

Der Verteilungsschlüssel war jedesmal ziemlich kompliziert, und er ist noch dazu verschiedenfach, auch schon unter dem alten Regime, ge= ändert worden. Versucht man jedoch, aus der Genesis dieser Gesetzes= bestimmungen den Sinn und Zweck der Regelung herauszulesen, so wird man feststellen können, daß die Grundtendenz dahin ging, einmal den Reservefonds — im Verhältnis zu den übrigen Verwendungs=

arten des Reinüberschusses — nur relativ bescheiden zu bedenken, im übrigen aber die Reichskasse zu bevorzugen gegenüber der Gruppe der Anteilseigner: die gesetzliche Gewinnverteilung wurde nämlich immer im wesentlichen so eingerichtet, daß die Anteilseigner nur eine normale, landesübliche, dem Diskont der Reichsbank entsprechende Verzinsung ihres Kapitals erhielten, während der oft sehr erhebliche Rest ganz der Reichskasse zugeführt wurde [62].

---

[62] Im ursprünglichen Bankgesetz von 1876 wurde den Anteilseignern eine ordentliche Dividende von 4½% gewährt. Vom Restbetrag flossen 20% dem Reservefonds zu, bis dieser ein Viertel des Grundkapitals betrug, der weitere Rest wurde dann zu gleichen Teilen an die Anteilseigner und das Reich verteilt, bis die Gesamtdividende für die Anteilseigner 8% betrug. Der letzte Rest ging zu drei Vierteln an das Reich, zu einem Viertel an die Anteilseigner.

Durch die Novelle vom 18. Dezember 1889 wurde — entsprechend dem Sinken des Zinsfußes — die Vordividende der Anteilseigner auf 3½% beschränkt und die Grenze, von der ab der letzte Rest zu drei Vierteln an das Reich und zu einem Viertel an die Anteilseigner abgeführt wurde, begann schon bei einer Dividende von 6% (anstatt 8%). Eine Novelle von 1899 bestimmt, daß die Vordividende weiter 3½% des Grundkapitals beträgt; vom Mehrbetrag werden 20% dem Reservefonds zugeschrieben, bis er die Höhe von 60 Millionen erreicht (bis dahin etwa 30 Millionen). Von dem verbleibenden Rest erhalten die Anteilseigner ein Viertel, die Reichskasse drei Viertel.

1909 wurde folgender Schlüssel eingeführt: 3½% Vordividende, vom Rest erhalten die Anteilseigner ein Viertel, die Reichskasse drei Viertel; jedoch werden von diesem Rest zehn Hundertstel dem Reservefonds zugewiesen, die je zur Hälfte von den Anteilseignern und dem Reich getragen werden.

Dazu kommen noch die ergänzenden Bestimmungen (Bankgesetz in der Fassung vom 1. Juni 1909, § 24): Erreicht der Reingewinn nicht volle 3½% vom Hundert des Grundkapitals, so ist das Fehlende aus dem Reservefonds zu ergänzen, und:

Das bei Begebung von Anteilscheinen der Reichsbank etwa zu gewinnende Aufgeld fließt dem Reservefonds zu.

(Diese Darstellung der Regelung des Verteilungsschlüssels ist dem Kommentar zum Reichsbankgesetz von Gunz und Merzbacher (München 1910, C. H. Becksche Verlagsbuchhandlung) entnommen, der zum Teil auch noch Motivierungen der einzelnen Bestimmungen enthält.)

Nach dem Kriege wurden die Bestimmungen in der unten geschilderten Weise geändert (s. S. 49).

Diese Regelungen bewirkten, daß das Grundkapital der Reichsbank eine ziemlich „normale" Verzinsung abwarf, die dem Diskontsatz der Bank entsprach.

Die aus der Bachschen Untersuchung[63] entnommene Übersicht über „Rendite der Anteile" und „Durchschnittlicher Jahresdiskont" auf S. 49 zeigt das interessante Bild, daß, abgesehen von den Jahren 1888 bis 1900, die Rendite der Anteilsscheine und der Diskontsatz so gut wie gleich waren. Abweichungen von einigen Zehntel Prozent nach unten bzw. oben — die sich in ihrer Wirkung z. T. noch kompensieren — bleiben dabei unberücksichtigt. Interessant ist ferner die Feststellung, daß die Schwankungen von Rendite und Diskontsatz vollkommen gleichmäßig verliefen, auch in der Zeit, in der der Diskontsatz höher war als die Rendite.

Die Anteilseigner erhielten im Jahre 1876 eine Dividende von 6,125 %. Da der Durchschnittskurs der Anteile 155,82 % war, man also diesen Betrag — und nicht nur 100 Mark — aufwenden mußte, um 6,125 Mark Dividende zu erhalten, so stellte sich die Verzinsung der Anteile-Rendite auf 3,93 %. Der durchschnittliche Jahresdiskontsatz betrug 4,16 %. Die Zahlen für die weiteren Jahre mögen folgen:

(Siehe Tabelle auf S. 49.)

Im Kriege erwuchsen der Reichsbank aus der Beseitigung der Notensteuer, der Aufhebung der Noteneinlösung und der Diskontierung von Staatsschuldverschreibungen ungewöhnlich hohe Gewinne. Auch diese „Kriegsgewinne", Wirkungen eines krisenhaften Wirtschaftszustandes

---

Im neuen Bankgesetz vom 30. August 1924 wird in § 37 zunächst bestimmt, daß vom Reingewinn 20 % dem Reservefonds zugeführt werden, bis dieser eine bestimmte (in komplizierter Weise umschriebene) Höhe erreicht hat. Dann erhalten die Anteilseigner eine jährliche Dividende von 8 %, die, falls sie nicht erreicht wird, aus dem Reingewinn der folgenden Jahre (jedoch ohne Schädigung der dem Reservefonds zufließenden Beträge) entnommen wird, wenn sie nicht aus einer vorhandenen Dividendenreserve entnommen werden kann.

Der Rest wird nach einem außerordentlich komplizierten Schlüssel zwischen Reich und Anteilseignern verteilt.

[63] Reichsbank und Reichsfinanzen in den Jahren 1876—1923. Leipziger Dissertation 1930.

Jahr	Rendite der Anteile %	Durchschnittl. Jahresdiskont %	Jahr	Rendite der Anteile %	Durchschnittl. Jahresdiskont %
1876	3,93	4,16	1898	5,27	4,27
1877	4,04	4,42	1899	6,64	5,04
1878	4,07	4,34	1900	7,11	5,33
1879	3,25	3,70	1901	4,14	4,10
1880	4,00	4,24	1902	3,53	3,32
1881	4,47	4,42	1903	4,06	3,84
1882	4,73	4,54	1904	4,59	4,22
1883	4,17	4,05	1905	3,94	3,82
1884	4,28	4,00	1906	5,24	5,15
1885	4,41	4,12	1907	6,40	6,03
1886	3,85	3,28	1908	5,16	4,76
1887	4,57	3,41	1909	3,94	3,93
1888	3,92	3,32	1910	4,47	4,35
1889	5,24	3,68	1911	4,12	4,40
1890	6,24	4,52	1912	5,12	4,95
1891	5,28	3,78	1913	6,24	5,89
1892	4,30	3,20	1914	7,44	4,88
1893	5,01	4,07	1915	— [64]	5,00
1894	3,99	3,12	1916	—	5,00
1895	3,64	3,14	1917	—	5,00
1896	4,71	3,66	1918	8,68	5,00
1897	4,96	3,81	1919	8,79	5,00

mit enorm steigender Notenemission, suchte das Reich an sich zu ziehen[65].

Das am 24. Januar 1915 verkündete Gesetz über die Kriegsabgaben der Reichsbank[66] sah im Artikel 1 vor, daß von dem Gewinn der Reichsbank für das Jahr 1915 vorweg ein Betrag von 100 Millionen Mark dem Reiche zu überweisen war, der als Ausgleich für den Erlaß der Notensteuer dienen sollte. In der Begründung zum Entwurf dieses Gesetzes[67] wurde darauf hingewiesen, daß die Beseitigung der Notensteuer für das Jahr 1915 den Gewinn der Reichsbank zu einer Höhe, die 1914 nicht vorausgesehen werden konnte und die das Mehrfache der bisher höchsten Jahresgewinnziffern betrug, gesteigert und damit tatsäch-

---

[64] Für die Jahre 1915—1917 liegen keine Ziffern vor, weil auf Beschluß des Börsenvorstandes in Berlin die Kursnotierungen für Wertpapiere für den 30. Juli eingestellt und für Dividendenpapiere erst am 3. Dezember 1917 wieder aufgenommen wurden. Die Rendite für 1914 wurde auf Grund des Kurses des 30. Juli 1914 errechnet.

[65] Die folgende Übersicht und die anschließenden Tabellen sind aus Bach, Reichsbank und Reichsfinanzen (s. o.) entnommen.

[66] Reichsgesetzblatt 1915, S. 840.

lich eine Bereicherung der Reichsbank mit sich gebracht hatte, an und für sich nicht beabsichtigt gewesen sei. Diese Bereicherung der Reichsbank sollte durch eine entsprechende außerordentliche Abgabe an das Reich ausgeglichen werden[67].

Ferner wurde bestimmt, daß die Reichsbank aus ihren Gewinnen während der Jahre 1915 und 1916 je einen Betrag von 14 300 000 Mark an das Reich abzuführen habe. (Artikel 2.) Diese Abgabe sollte eine Besteuerung des „Kriegsgewinnes" darstellen und galt nur für die Jahre 1915 und 1916. Die Reichsbank war das erste Unternehmen, das der Kriegsgewinnbesteuerung unterlag, erst 1916 begann die allgemeine Kriegsgewinnbesteuerung.

Schließlich wurde die Gewinnverteilung neu geregelt. Soweit der für die Jahre 1915 und 1916 nach Abzug aller Ausgaben sich ergebende Reingewinn den durchschnittlichen Reingewinn der Jahre 1911, 1912 und 1913 überstieg, fiel er zu drei Vierteln an das Reich. Die Verteilung des hiernach verbleibenden Gewinnes regelte sich wie in den letzten Friedensjahren nach der Banknovelle vom 1. Juni 1909. (Artikel 2.)

Durch Gesetz über die Kriegsabgaben der Reichsbank vom 20. März 1918[68] wurde der durch Gesetz vom 24. Januar 1915 von der Reichsbank an das Reich abzuführende Betrag von 100 000 000 Mark auf 130 000 000 Mark für das Jahr 1917 erhöht. Die übrigen Bestimmungen des Gesetzes vom 24. Januar 1915 blieben auch für das Jahr 1917 in Kraft. Für das Jahr 1918[69] fand eine Erhöhung von 130 000 000 auf 300 000 000 Mark und für 1914[70] auf 355 000 000 Mark statt. Ferner wurde im § 3 des Gesetzes vom 27. März 1919 bestimmt, daß, soweit der für 1918 nach Abzug der sämtlichen Ausgaben sich ergebende Reingewinn denjenigen der Jahre 1911, 1912 und 1913 überstieg, der überschießende Teil zu Achtzig vom Hundert (seit 1915 nur 75%) an das Reich fallen sollte.

In den letzten Jahren, seit der Stabilisierung, sind die Anteile des Reiches am Gewinn der Bank wieder erheblich zurückgegangen. Ab-

---

[67] Siehe hierzu die Begründung zum Entwurf eines Gesetzes über die Kriegsabgabe der Reichsbank. Anlagen zu den Stenogr. Berichten des Deutschen Reichstags. Bd. 314. Nr. 148.

[68] Reichsgesetzblatt 1918, S. 131.

[69] Gesetz über die Besteuerung der Reichsbank für das Jahr 1918 vom 27. März im Reichsgesetzblatt 1918, S. 353.

[70] Gesetz vom 31. März 1920 im Reichsgesetzblatt 1920, A. 475.

gesehen vom Jahre 1924, das noch einen Gewinn von 56 Millionen aufwies, sind in jedem Jahre nur wenige Millionen Mark an das Reich abgeführt worden. — —

Die Berechnung der finanzwirtschaftlichen Rentabilität resp. der Reinüberschüsse der Reichsbank fußt auf einer größeren Zahl von Rechnungsoperationen, bei denen nach Bach[71] zu unterscheiden ist zwischen Berechnungen, die zu exakten Zahlen führen und Berechnungen, die nicht zu exakten Zahlen führen, und Leistungen, die sich zahlenmäßig überhaupt nicht erfassen lassen. Zu den letzteren, die also eine völlig exakte Rentabilitätsberechnung schließlich unmöglich machen, gehören Berechnungen über das Steuerprivileg, dessen Geldwert natürlich nur geschätzt werden kann[72], und die Leistungen resp. Gewinne der Reichshauptkasse.

Zu den Leistungen endlich, die sich zahlenmäßig überhaupt nicht erfassen lassen, gehören insofern die Gehälter, als z. B. der Reichskanzler in hohem Maße mit Funktionen betraut war, die die Reichsbank betrafen — sie standen freilich zum Teil nur auf dem Papier und wurden von anderen Beamten versehen — während ein offizielles Entgelt für diese angeblichen Funktionen des Reichskanzlers gar nicht vorgesehen war. Streng genommen müßte man aber annehmen, daß in dem Gehalt des Reichskanzlers auch ein Entgelt für die von ihm verlangten Funktionen gegenüber der Reichsbank einbegriffen gewesen sei. Ähnlich war es mit der Tätigkeit der Kommissare und Justiziare. Unmöglich ist es, die Pfandprivilegien der Reichsbank in Geld zu veranschlagen. Weiter genoß die Reichsbank ein teilweises Portoprivileg sowie Vorrechte im Postanweisungsgiroverkehr u. a. m. Ebenfalls sind

---

[71] Reichsbank und Reichsfinanzen in den Jahren 1876—1923. Leipziger Dissertation 1930.

[72] Dies wird gerade mit Bezug auf die Reichsbank der Vorkriegszeit von Bach ganz genau ausgeführt. So ist es unmöglich, auch nur annähernd die Höhe der Steuern zu bestimmen, die etwa eine einzelne Filiale der Reichsbank als Einkommen= und Gewerbesteuer hätte zahlen müssen. Beispielsweise gehörten zu der in Sachsen gelegenen Reichsbankstelle Plauen i. V. eine ganze Reihe bayerischer Bezirksämter. Die genannten Steuern waren aber in der Vorkriegszeit den Landesgesetzen unterworfen. Ferner stand die Organisation der Buchführung bei den einzelnen Filialen der Bank einer auch nur einigermaßen exakten Gewinnermittlung entgegen, da die Zweigstellen lediglich als Glied des Ganzen betrachtet wurden. Immerhin glaubt Bach, Schätzungen vornehmen zu können, die einigermaßen Anspruch auf Richtigkeit machen können.

zahlenmäßig unerfaßbar die Vorteile, die die Übertragung der Kassengeschäfte des Staates an die Reichsbank auslöste u. a. m.

Zieht man alle diese Faktoren in Betracht, so zeigt sich, daß eine ganz exakte und unbestreitbare Berechnung der Reinüberschüsse der Reichsbank nicht möglich ist, sondern immer nur eine Berechnung, die zum Teil mit Schätzungen arbeitete.

Nur unter diesem Vorbehalt seien die Zahlen wiedergegeben, die Bach unter Berücksichtigung all dieser Umstände zum Teil auf Grund sehr vorsichtiger Schätzungen errechnet hat:

(Siehe Tabellen S. 54, 55.)

Zu diesen Tabellen hat Bach am Schlusse seiner Arbeit einen sehr ausführlichen Kommentar gegeben, in welchem bis in Einzelheiten hinein die Entstehung seiner Zahlen nachgewiesen wird und die damit gemachten Überlegungen aufgeführt werden. Aus Raummangel und damit der hier gegebene Überblick nicht allzusehr ins Detail geht, wird darauf verzichtet, diesen Kommentar hier abzudrucken. Für den Kritiker sei aber gesagt, daß die hier wiedergegebenen Zahlen sorgfältig berechnet sind, und daß die Belege für sie in der angeführten Arbeit im einzelnen enthalten sind.

5. Forsten[77].

Die auf dem Gebiete der Staatsforsten vorliegenden Arbeiten sind meist finanzstatistischer oder finanzgeschichtlicher Art: auf die hier interessierenden Probleme wird nur selten und nur in ganz geringem Umfange eingegangen. Es darf freilich nicht übersehen werden, daß bei Untersuchungen über die Staatsforsten auch die forstwirtschaftlichen Grundlagen berücksichtigt werden müssen, ohne deren Einbeziehung man leicht an dem Kern der Sache vorübergeht.

Über die Finanzen der sächsischen Staatsforsten lag bereits eine Untersuchung von Mehlhorn[78] vor. Dieser Autor geht auf die Rentabilität der Staatsforsten ein, bringt aber als hauptsächlichstes Ergebnis in dem entsprechenden Abschnitte seiner Arbeit nur die Verzinsungsprozente der sächsischen Staatsforsten; er weist nach, daß sich der sächsische Staatswald zu soundsoviel Prozent verzinst hat. Solche Verzinsungs-

---

[77] Die kurze Skizze zu Punkt 5 und 6 ist im wesentlichen meiner Darstellung in der Schanz-Festschrift (1928, Bd. 1, S. 246 ff.) entnommen.

[78] Die sächsischen Staatsforsten in finanzieller Hinsicht. Dissertation Würzburg 1923.

prozente werden noch heute jährlich im sächsischen Finanzministerium ausgerechnet, obwohl ihr Erkenntniswert mehr als fraglich ist: Beachtung dürfen sie wenigstens in den forstwissenschaftlich interessierten Kreisen kaum noch finden.

Felix Paeck[79] hat in überzeugender Weise glaubhaft gemacht, daß derartige Berechnungen forstlicher Verzinsungsprozente auf falschen ökonomischen Grundlagen aufgebaut sind. Er bedient sich dabei der Ergebnisse neuester forstlicher Forschungen, insbesondere seitens der Ostwald-Kriegerschen Richtung: Diese Schule hat eine ihrer Aufgaben darin erblickt, nachzuweisen, daß es einen Waldwert im Sinne der überkommenen Waldwertrechnung gar nicht gibt.

Vor allem bringt Paeck der Finanzwissenschaft die schon forstwissenschaftlich heiß umstrittene Frage näher, ob es überhaupt möglich ist, bei der Berechnung der Erträge aus der Forstwirtschaft die Natur dieser Erträge als Renten oder aber als Kapitalteile streng zu ermitteln. Ist die in einem Jahre eingeschlagene Holzmenge tatsächlich gleich der in diesem Jahre zugewachsenen Menge? Oder ist etwa ein Teil des Waldes, also des Anlagekapitals, versilbert worden? Paeck stellt an der Hand des amtlichen Materials fest, daß in Sachsen in der zweiten Hälfte des vorigen Jahrhunderts der Übergang von der praktischen Anwendung der Waldreinertrags- zur Bodenreinertragstheorie stattgefunden hat, und daß wegen der kürzeren Umtriebszeiten, die sich als Konsequenz der Bodenreinertragstheorie ergaben, in großem Umfange eine Versilberung des Waldvermögens stattgefunden hat, während in den Haushaltplänen gleichwohl nur vom Reinertrage die Rede war.

Auch die Frage, wo, in welchen Erwerbsbetrieben usw. in Sachsen die genutzten Kapitalien rentabler angelegt worden sind als in der Waldwirtschaft, wird von Paeck erörtert — alles Probleme, an denen die bisherigen finanzwissenschaftlichen Veröffentlichungen über die Staatsforsten vorübergegangen waren.

Bei der Ermittlung der Rentabilität der sächsischen Staatsforsten ergeben sich große Schwierigkeiten, auf die schon Hundt in seiner Arbeit über die finanziellen Ergebnisse der bayerischen Staatsforstverwaltung[80] mit Recht aufmerksam gemacht hat. Auch Paeck hat in seiner

---

[79] Das Rentabilitätsproblem der Staatsforsten mit besonderer Berücksichtigung Sachsens. Leipziger Dissertation 1927.

[80] Würzburger Dissertation 1921.

Die Überschüsse der Reichsbank (exakt errechnete Zahlen) für den Reichshaushalt im Vergleich zu den ordentlichen Reichsausgaben.

Jahr	Zahlungen: Gewinnanteil des Reiches (in 1000 M)	Zahlungen: Notensteuer (in 1000 M)	Zahlungen: Noten der Preuß. Bank (in 1000 M)	Anwartschaften des Reiches: Der Reservefondsanteil[73] (in 1000 M)	Zusammen: Spalte 1, 2, 3 (in 1000 M)	Ordentl. Ausgaben des Deutschen Reiches (in 1000 M)	Reichsbanküberschüsse in Prozenten zu den ordentlichen Ausgaben d. Deutschen Reiches
	1	2	3	4	5	6	7
1876	1 954	—	—	6441	1 954	492 283	0,41
1877	2 148	—	—	537	2 148	441 096	0,49
1878	2 156	—	—	539	2 156	413 516	0,52
1879	610	—	—	152	610	406 802	0,16
1880	1 793	—	—	448	1 793	425 076	0,42
1881	2 599	27	—	650	2 626	468 167	0,56
1882	3 064	33	—	766	3 097	471 388	0,65
1883	2 104	—	—	526	2 104	449 966	0,43
1884	2 096	34	—	524	2 130	445 968	0,44
1885	2 083	3	—	521	2 086	484 326	0,41
1886	948	36	—	237	984	504 498	0,19
1887	2 043	—	—	511	2 043	466 726	0,43
1888	1 082	—	—	270	1 082	589 375	0,19
1889	3 000	236	—	750	3 236	566 962	0,57
1890	7 104	339	—	1534	7 443	632 263	1,18
1891	8 602	—	—	499	8 602	694 858	1,24
1892	4 342	—	—	—	4 342	722 478	0,61
1893	8 538	40	—	—	8 578	748 775	1,15
1894	3 903	—	—	—	3 903	799 249	0,49
1895	2 860	224	—	—	3 084	823 596	0,37
1896	8 407	465	—	—	8 872	880 611	1,07
1897	9 898	768	—	—	10 666	892 202	1,20
1898	12 058	1927	—	—	13 986	979 808	1,42
1899	19 134	2847	—	—	21 981	995 082	2,21
1900	20 824	2518	2 305,2	—	25 647	1 046 484	2,45
1901	12 418	353	1,4	7320	12 772	1 121 891	1,14
1902	8 845	478	1,3	1474	9 324	1 134 496	0,82
1903	12 079	805	2,4	2013	12 886	1 181 187	1,09
1904	15 907	1118	4,3	6600	17 030	1 175 890	1,45

Reinerträge u. Zuschußbedarf b. öffentlichen Unternehmungstätigkeit.

Jahr									
1905	14 330	1651	4,6					1 350 722	1,18
1906	25 472	3692	3,0					1 342 454	2,17
1907	34 510	5601	8,6					1 552 492	2,59
1908	23 052	2564	6,3					1 548 975	1,65
1909	12 586	3862	4,1					1 701 967	0,96
1910	16 071	3931	4,7					1 812 918	1,10
1911	14 864	2734	2,0		1062			1 738 144	1,01
1912	21 775	4627	2,4		1555			1 922 767	1,37
1913	31 021	3674	1,4		2216			2 520 905	1,37

Jahr	Gewinnanteil des Reiches in Mill. M	Zahlungen: Kriegsabgaben[74]:			Noten der Preuß. Bank in 1000 M	Anwartschaften des Reiches: Der Reservefondsanteil in Mill. M	Zusammen: Spalte 1, 2, 3, 4, 5 in Mill. M	Ordentliche Ausgaben des Deutschen Reiches in Mill. M	Reichsbanküberschüsse in Prozenten zu den ordentlichen Ausgaben des Deutschen Reiches
		I in Mill. M	II in Mill. M	III in Mill. M					
	1	2	3	4	5	6	7	8	9
1914 a)	42,5[75]	1,0[76]	—	—	1,2	3,0	43,5	1 694,9	2,57
b)	40,1	1,0	—	—	1,1	2,9	40,1	1 602,7	
1915 a)	34,4	100,0	14,3	51,0	1,5	2,5	199,7	1 835,0	10,88
b)	24,3	70,4	10,1	36,0	1,0	1,7	140,7	1 292,3	
1916 a)	32,7	100,0	14,3	43,3	3,7	2,3	190,3	3 021,8	6,29
b)	21,3	65,4	9,3	28,3	2,4	1,5	124,4	1 975,0	
1917 a)	32,8	130,0	—	44,1	3,8	2,3	206,9	6 913,7	3,00
b)	18,3	72,6	—	24,6	2,1	1,3	115,5	3 862,5	
1918 a)	32,7	300,0	—	57,9	0,7	2,3	390,5	7 190,4	5,43
b)	15,1	138,3	—	26,7	0,3	1,08	180,0	3 314,6	
1919 a)	33,3	355,0	—	61,6	—	2,38	449,9	13 377,0	3,36
b)	8,0	85,5	—	14,8	—	0,57	108,4	3 223,4	

[73] Der Reservefondsanteil wurde in dieser Tabelle berücksichtigt, da er zu den exakt errechenbaren Zahlen gehört. Dagegen wurde er nicht in der Spalte „5" aufgenommen, weil er nur eine Anwartschaft des Reichs und keinen sogleich an das Reich abgeführten Betrag darstellt.
[74] Kriegsabgabe I wurde erhoben auf Grund des Artikels I des Gesetzes über die Kriegsabgaben der Reichsbank vom 24. Dezember 1915, Kriegsabgabe II auf Grund des Artikels 2 § 1, und Ausgabe III auf Grund des Artikels 2 § 2 des genannten Gesetzes. Vgl. hierzu die Ausführungen auf S. 50.
[75] Die Zahlen zu „a)" sind absolute Zahlen, bei den Zahlen „b)" fand eine Umrechnung nach dem Großhandelsindex statt, sie sind also mit den Beträgen der Vorkriegszeit vergleichbar. [76] Notensteuer bis 4. August 1914.

Untersuchung diese Argumente vervollständigt. Eine ganze Reihe von Posten, die die Rentabilität verschleiern, lassen sich nur schwer oder auch gar nicht feststellen: Billige Brennholzabgabe an die notleidende Bevölkerung, Abgabe von Nutzholz zu niedrigen Preisen für Siedlungszwecke, das Niederlegen von Wald und die Verschwendung wertvollen Waldbodens zur Verwendung als Exerzierplätze oder als Lichtungen für Starkstromleitungen, Verwendungen, für die Entschädigungen an die Forstverwaltung nicht gezahlt wurden. Beim Vergleich der Reinüberschüsse und der Rentabilität der Staatsforsten verschiedener Länder ist zu beachten, daß in einigen Ländern der Staat die Aufsicht über die Privatwaldungen oder die Forstpolizei übernimmt, ohne daß die seitens der Privatwaldwirtschaft dafür gewährten Vergütungen die Kosten deckten. Die Staatseinnahmen dieses Ressorts fließen vielfach in die Steuerkasse. Die Ausgaben für die Zentralverwaltung der Staatsforsten werden oft bei einem anderen Etatskapitel verrechnet, desgleichen die Pensionen. Ebenso erscheinen bauliche Veränderungen und Unterhaltung der Forstgebäude oft in den nicht die Forstverwaltung betreffenden Kapiteln des Etats. Größere Einnahmen für Waldverkäufe oder Ausgaben für Waldkäufe dürfen den Reinertrag nicht beeinflussen, da sie lediglich Kapitalumwandlungen darstellen.

Paeck hat versucht, die offiziellen Rechenschaftsberichte für Sachsen, unter Berücksichtigung dieser genannten Gesichtspunkte, zu korrigieren. Er ist freilich zu dem Ergebnis gelangt, daß der größte Teil der angeführten Verschleierungen einer exakten zahlenmäßigen Feststellung des Begriffs Reinertrag im Wege steht. Die interessantesten Ergebnisse seiner Untersuchung sind folgende: Für die 3 zweijährigen Rechnungsperioden 1908 bis 1913 ergibt sich nach dem Rechenschaftsbericht ein Reinüberschuß von 60 692 000 Mark. Die nach Paeck zu bewerkstelligenden notwendigen Abzüge für Gehälter, Pensionen usw. betragen 2½ Millionen Mark oder etwa 4½% des nachgewiesenen Reinertrags.

Für das Jahr 1924 ergibt sich nach dem Rechenschaftsbericht ein Reinertrag von 4 648 000 RM. Die notwendigen Abzüge betragen nach Paeck 619 000 RM, die Differenz zwischen offiziellem und geschätztem wirklichen Reinertrag 13%.

Im Vergleich zur Gesamteinnahme des Etats der Überschüsse betrugen die offiziellen Überschüsse der Staatsforsten nur 7,2%.

Reinerträge u. Zuschußbedarf b. öffentlichen Unternehmungstätigkeit. 57

Vor Reinertrag der gesamten Erwerbseinkünfte lieferten die Staatsforsten 17 %[81].

6. Bergwerke.

Hierzu liegen von mir angeregte Untersuchungen von Erwin Fischer über die oberschlesischen Fiskalgruben und von Kurt Roemelt über die anhaltischen Salzwerke vor. Fischer stellt bei Anwendung der von mir für die Errechnung der Eisenbahnüberschüsse angewandten Methode folgende Erfolgszahlen fest[82].

Rechnungsjahr	Betriebsüberschuß oder Zuschuß	Nach dem Etat	Rechnungsmäßiger Gesamtüberschuß bzw. Zuschuß
	in Mill. Mark		in Mill. Mark
1912	16,7	8,8	12,5
1913	18,5	12,1	12,7
1914	13,2	15,3	7,0
1915	22,2	15,9	15,5
1916	16,8	15,8	12,5
1917	24,1	22,5	19,4
1918	— 8,4	20,7	—15,9
1919	32,5	22,0	21,1
1920	31,2	25,1	25,5
1921	109,0	55,1	84,9

Rechnungsjahr	Reinüberschuß lt. Betriebsbericht	wirklicher Reinüberschuß	Reinüberschuß zum Anlage- und Betriebskapital (sog. eigenes Vermögen)	
	in Millionen Mark sogenannte Barablieferung		in %	
			offiziell:	effektiv:
1912	12,4	9,4	19,2	15
1913	12,1	9,8	18,6	13
1914	7,1	4,5	10,0	6
1915	15,2	13,5	20,0	18
1916	9,8	5,7	11,0	7
1917	17,4	13,1	19,0	16
1918	—16,1	—15,5	—16,4	—16
1919	13,7	10,4	12,8	9,7
1920	33,4	29,4	25,5	22,4
1921	85,3	81,1	46,5	43,2

[81] Näheres bei Pacck, Das Rentabilitätsproblem der Staatsforsten usw. Leipziger Dissertation 1927.
[82] Betriebsberichte der preuß. Bergwerksverwaltung für Rechnungsjahre 1912—1921. Anlagen A, B. „Nachweisungen der Überschüsse der staatl. Bergwerke, Hütten und Salinen in Preußen.

Die Zahlen zeigen, daß sowohl die offiziell ausgewiesenen "Betriebsüberschüsse" des Bergetats und der Betriebsberichte wie auch die nach Abzug aller Kosten sich ergebenden "Gesamtüberschüsse" und "Barablieferungen an die Generalstaatskasse", die vom preußischen Fiskus im Bergetat bzw. Betriebsbericht als Reinüberschuß hingestellt wurden, wesentlich von dem nach kritischer Methode ermittelten tatsächlichen Reinüberschüssen, die letzten Endes für reine Staatszwecke entfallen, abweichen. Hinsichtlich der Begründung verweise ich auf die als Leipziger Dissertation erschienene Untersuchung Fischers[83]. Die Reinüberschüsse der preußischen Fiskalgruben in Oberschlesien waren jedenfalls im Vergleich zu den Steuereinnahmen und Staatsausgaben gering. Besonders interessant erscheinen mir Fischers Ausführungen zu der Frage der für die Bergwerke angewandten Finanzprinzipien.

Danach war die Betriebsgebarung der Fiskalgruben vom fiskalischen Rentabilitätsprinzip geleitet. Nicht die privatwirtschaftliche Erfolgserzielung und die damit verbundenen Rationalisierungsbestrebungen waren die Triebkräfte der Betriebsführung und Finanzierung, sondern die staatsrechtliche Bindung an den Staatshaushalt, die Etatsgrundsätze beherrschten die staatlichen Erwerbsbetriebe.

Die etatsrechtliche Verknüpfung der Betriebsgebarung der Fiskalgruben mit dem allgemeinen Staatsbedarf bestimmte die Betriebsentwicklung und bewirkte, daß für die Erfolgsrechnung und die Betriebsführung (unbeachtet der tatsächlichen Kapitalmarkt-, Absatz- und lokalen Verhältnisse) — die Einhaltung der im voraus veranschlagten Etatsposten ausschlaggebend war. Es lag im fiskalischen Interesse, die Verwendung der Betriebsmittel zu überwachen, die Schwankungen der Gesamtüberschüsse mit Rücksicht auf die Grundsätze des Etatsprinzips zu beseitigen und eine Stabilität der Gewinnablieferung zu erzielen.

Der umständliche Instanzenzug für Neubewilligungen (insbesondere bei unvorhergesehenen Bedürfnissen waren die Fonds unzureichend) führte dahin, daß die Neuanlagen behelfsweise aus laufenden Betriebsmitteln gedeckt wurden. Die Neuanlagen, die aus Betriebsfonds angeschafft wurden, sind als Betriebskosten verrechnet worden; dieser Vorgang machte die im Etat veranschlagte Betriebsfinanzierung illu-

---

[83] "Die Rentabilität der fiskalischen Steinkohlengruben in Oberschlesien in den Rechnungsjahren 1912—1921". 1927.

Reinerträge u. Zuschußbedarf b. öffentlichen Unternehmungstätigkeit. 59

forisch und den Finanzierungsnachweis unübersichtlich und unzureichend.

Waren die Betriebserfordernisse geringer als die hierfür etatsrechtlich veranschlagten Posten, so ergab das Prinzip der Etatseinhaltung eine unwirtschaftliche Verwendung der Betriebsfonds, zumal die Werksleitung bei Neuanlagen nicht die Möglichkeit hatte, die eventuellen Restbestände der bewilligten Mittel für folgende Jahre zu reservieren und zu verwenden, sondern den Anstoß bekam, die ausgewiesenen Fonds voll zu verwerten, ungeachtet der sparsamen und wirtschaftlichen Verwendungsmöglichkeiten.

Bei der Verwendung der Mittel für Neuanschaffungen entfiel der Anreiz, unter betriebswirtschaftlichen Gesichtspunkten Restbeträge zu erzielen, da diese dann ohnehin dem Betriebe nicht zur Verfügung standen.

Die Bildung und die Höhe der Reservefonds war nicht durch die jährliche Gewinnrate bestimmt, sondern unabhängig davon entschieden hierfür die vorjährigen Etatsposten bzw. der allgemeine Staatsbedarf — unter Berücksichtigung der Erwartungen der Volksvertretung.

Da bei diesen Grundsätzen für die Reservefondsbildung die Anschaffungskosten der Neuanlagen nicht von betriebswirtschaftlichen Erwägungen geleitet und für Neuanlagen Aufwendungen gemacht wurden, die bei privatwirtschaftlicher Regelung der Reservebildung und -verwendung bedeutend niedriger gewesen wären, so entfiel dem Fiskus bei Etatsaufstellung der Maßstab für:

1. wirtschaftliche Verwendung der bewilligten Mittel und
2. richtige Einschätzung des eintretenden Bedarfs.

Die Vorteile bzw. Lasten, die die Staatsgruben aus ihrer Zugehörigkeit zur Staatswirtschaft aufzuweisen hatten, waren die Elemente, die das Vordringen und Vorherrschen des privatwirtschaftlichen Gepräges in den Fiskalgruben aufhielten.

Einerseits waren es rein staatliche Aufgaben, wie Aufsichtsdienst, ein umfangreicher Kreis von Verwaltungsgeschäften, die die Fiskalgruben zwangen, diese Mehrheit durch gesteigerte Wirtschaftsführung aufzuwiegen, anderseits brachte die geringe steuerliche Belastung, die billige Kapitalbeschaffung (Staatskredit) und die infolge überlieferten Anlagekapitals entfallenden Zinsen und Tilgungslasten den

Fiskalgruben Vorteile, die den Anstoß gaben, auf dieser prädestinierten Selbstkostenbasis die Betriebsgebarung zu gestalten, ohne daß dabei mit den für Privatwerke geltenden konstanten Kosten gerechnet und diese in der Betriebsrechnung berücksichtigt wurden.

Weiter ist mit Bezug auf die Betriebsführung der Fiskalgruben auf das Betriebspersonal und seinen Charakter hinzuweisen.

Die kaufmännischen und technischen Angestellten waren ihrer rechtlichen Stellung nach Staatsbeamte. Für die Anstellung, Verwendung und Auslese des Betriebspersonals wurden gemäß der geltenden Beamtengesetze Richtlinien zugrunde gelegt, die in ihrer Wesensart nach den Obliegenheiten des Verwaltungsdienstes tendierten und nur lückenhaft die besonderen Betriebserfordernisse mit in Betracht zogen.

Das beamtenmäßige Anstellungsverhältnis (insbesondere Einstellungs- und Entlassungsvorschriften, Pensionsberechtigung usw.), die Besoldung grundsätzlich nach gedienten bzw. geleisteten Dienstjahren, die enge gesetzliche Umgrenzung der Funktionen der leitenden Angestellten durch den langwierigen und zeitraubenden Instanzenzug bewirkte, daß sowohl bei dringendem Betriebsbedarf als auch bei Dispositionen auf lange Sicht kein Spielraum für die Initiative und das Persönliche freiblieb. — Dieses Vorherrschen des Beamtentypus war der Hemmschuh für das Durchdringen privatwirtschaftlicher Grundsätze.

Das Kontrollrecht der Volksvertretung und die budgetmäßige Behandlung der Betriebsberichte beeinflußten auch die Gestaltung des Arbeitervertragsverhältnisses zwischen Arbeiter und Fiskus und die Lohnpolitik[84].

---

[84] Soweit die Rentabilität der oberschlesischen Bergwerke. Über die Rentabilität der anhaltischen Salzwerke ist in meinem Seminar eine Untersuchung von Kurt Roemelt entstanden (Leipziger Dissertation 1928), über deren Ergebnisse in der Schanz-Festschrift (Bd. 1, S. 252 ff.) kurz berichtet worden ist. Hier ist auf die Wiedergabe dieser Ergebnisse im Hinblick auf die Enge des zur Verfügung stehenden Raumes und die Kleinheit des Untersuchungsobjektes verzichtet worden.

Printed by Libri Plureos GmbH
in Hamburg, Germany